Ein Blick in die Hausbar

verrät viel über Persönlichkeit und Stil des Besitzers.
Ist er ein Knauserer, ein Chaot – oder gar ein
Kenner? Eine gepflegte, gutsortierte Hausbar ist ein
Stück Wohnlichkeit, die Atmosphäre und
Entspannung schafft. Und schließlich: Die Hausbar
ist ein Zentrum der Geselligkeit, der Freundschaft
und der guten Laune.
Wenn Sie sich die Anregungen, Tips und Tricks
auf den folgenden Seiten zu Herzen nehmen,
werden Sie bestimmt viele angenehme Stunden
erleben und mit der Zeit vielleicht auch ein richtiger
Mix-Meister werden. Viel Spaß dabei!

Weniger ist oft mehr

Natürlich können Sie in den nächsten Laden eilen und so viele Flaschen kaufen, wie Sie erwischen können. Aber nur mal langsam: Erstens ist der Platz bei Ihnen daheim vermutlich auch kostbar, und zweitens zeichnet nicht die Masse, sondern die Klasse die gutsortierte Hausbar aus.

Eine gute Auswahl gängiger internationaler Marken gibt Ihren Gästen dagegen ein sicheres Gefühl und schützt Sie vor unliebsamen Überraschungen. Mit je einer Flasche Gin, Cognac oder Weinbrand, weißem und/oder braunem Rum, Wodka und Bourbon Whiskey kommen Sie fürs erste gut über die Runden. Nach und nach können Sie dann ja aufstocken, zum Beispiel mit einem guten Scotch, einem bitteren Campari, einem exotischen Tequila oder mit diversen beliebten Likören wie Curaçao, Grand Marnier, Amaretto oder Crème de Menthe – alles Zutaten, die Sie für anspruchsvollere Drinks ohnehin früher oder später brauchen werden.

Aber bitte nicht zuviel! Halten Sie immer die Zutaten für die klassischen Cocktails und beliebtesten Modedrinks auf Lager, dazu noch eine oder zwei echte Hausspezialitäten – das genügt! Exotische Liköre oder Kräuterschnäpse werden komischerweise nie leer. Ein Tip: Gehen Sie in Gedanken die Liste Ihrer Freunde durch und fragen Sie sich: »Trinken die sowas?« Wenn nicht, dann gar nicht erst hinstellen.

Achten Sie lieber auf regionale Unterschiede. In Norddeutschland wird mehr Korn getrunken, im Süden mehr Obstwässer. Also halten Sie eine Flasche Steinhäger oder Aquavit bereit für die Kumpels aus dem hohen Norden. Und wenn zum nächsten Fest ein Bayer angesagt ist, kann eine Flasche Enzian nichts schaden. Beziehen Sie die Jahreszeit mit in Ihr Kalkül ein: Ab Weihnachten, zum Beispiel, steigt erfahrungsgemäß die Rumnachfrage. Im Sommer wollen die Leute lieber leichtere, erfrischende Drinks haben.

Gut ausgestattete Bars haben auf der ganzen Welt etwas Anziehendes. Zum Beispiel diese Bar in Italien.

Es lebe die Abwechslung

Zum Mixen gehören immer zwei – zwei oder mehrere Zutaten, nämlich: Neben Spirituosen sind das in den meisten Fällen nichtalkoholische Getränke, die den Genuß verfeinern und verlängern. Der Umgang mit diesen sogenannten »Mixern« verlangt allerdings viel Fingerspitzengefühl. Jede Bar sollte natürlich über Sodawasser (möglichst aus dem Siphon) verfügen. Je nach Geschmack gehören dazu aber auch noch: Cola, mit und ohne Kalorien, Tonic, Ginger Ale und frisch gepreßte Zitrussäfte, sowie stilles Mineralwasser für Leute, die das Prickeln in der Nase nicht vertragen können. Ein »Top-Mixer« ist aber auch – Sie werden staunen – die Milch! Sie ist die Basis vieler Soft-Drinks ohne Alkohol. Es gibt auch eine Reihe weniger bekannter Mixer wie Cassissirup, Passionsfrüchtesirup, Mangosirup, Grapefruit-, Ananas- und Maracujasaft oder Cream of Coconut, die mit wenig Aufwand viel Abwechslung bringen. Sie passen hervorragend zu »harten« Spirituosen und hätten eigentlich viel mehr Aufmerksamkeit verdient.

Wer wird da nicht schwach? Im weißen Sand liegen, die Palmen über sich rauschen hören und an einem kühlen Tropendrink nippen… Jede Menge dieser Drinks finden Sie ab Seite 44.

Ballantine's
FINEST
SCOTCH WHISKY
CAMPARI
TEQUILA
JOSE CUERVO
HECHO EN
MEXICO
AUS SONNENGEREIFTEN ORANGEN
BLUE CURAÇAO
Tasche
1888
SARONNO
AMARETTO di SARONNO
ORIGINALE
ILVA SARONNO
Grand Marnier

0,5 Liter
Coca-Cola light
Coke
Schweppes
INDIAN
TONIC WATER
GINGER ALE
SODA WATER
Sprudel

Stark im Kommen sind auch solche Exoten wie Guava- oder Mango-Nektar. Sie können Ihren Gästen damit angenehme, aber auch unangenehme Überraschungen bereiten, also bitte vorher fragen.

Zum Verfeinern schreiben viele Rezepte Zutaten vor wie Angostura-Bitter (ein ursprünglich aus der gleichnamigen Stadt in Venezuela stammender Wurzelextrakt), Grenadinesirup (aus Granatäpfeln), Rose's Lime Juice, Tomatenketchup, Tabasco oder sogar Worcestershiresauce vor. Was Sie in jedem Fall brauchen, ist Zuckersirup (Zubereitung: siehe Seite 17). Versuchen Sie gar nicht erst, statt dessen richtigen Zucker zu nehmen – er löst sich nämlich in kalten Flüssigkeiten nicht auf.

Wenn Sie selber mit Zutaten und Verfeinerungsstoffen experimentieren wollen, werden Sie ein breites Betätigungsfeld vorfinden. Nehmen Sie zum Beispiel statt Angostura einmal Orangen-Bitter, das gibt vor allem Gin-Cocktails eine interessante helle Note. Tropische Longdrinks erhalten durch vorsichtige Zugabe von Maracujasirup einen exotischen Hauch.

Das Handwerkszeug

Selbstverständlich finden Sie in Ihrer Küche fast alles, was Sie an Messern, Holzbrettern, Reiben, Saftpressen, Meßbechern, Rührlöffeln und Flaschenöffnern brauchen. Trotzdem lohnt es sich, für die Hausbar einen zweiten Satz Utensilien zu besorgen – sonst müssen Sie jedesmal in die Küche rennen, wenn jemand einen neuen Drink will. Ein elektrisches Handrührgerät ist praktischer als ein einfacher Schneebesen, aber das Nonplusultra einer Bar ist und bleibt eine richtige Küchenmaschine oder ein elektrischer

Mixer, weil Sie darin Zutaten und Eiswürfel gleichzeitig zerkleinern und mischen können. Schließlich wertet ein Siphon aus Kristallglas, Chrom oder Silber jede Hausbar auch optisch auf. Dazu sollten Sie dann immer ein paar Reservepatronen mit Kohlensäure in der Schublade haben. Für viele Rezepte brauchen Sie Teelöffel, um zum Beispiel frische Früchte aus Ihrem Drink zu fischen. Wenn Sie barmäßig ganz »in« sein wollen, können Sie sich mit der Zeit schicke langstielige Speziallöffel zulegen (Sie finden sie auf einigen Fotos dieses Buches).

So könnte die Grundausstattung einer Bar aussehen (Seite 4).

Linke Bildseite oben:
Mit diesen Spirituosen können Sie die Grundausstattung Ihrer Bar erweitern (Seite 4).
Linke Bildseite unten:
Einige nichtalkoholische Mixer, die Ihren Drink »verlängern« (Seite 4).

Was Sie sonst noch brauchen

• einen richtigen Mixbecher (Shaker) mit rostfreier, fest verschließbarer Kappe
• ein Barsieb mit Spiralfeder (Strainer)
• einen in Zentiliter (cl) geeichten Meßbecher
• ein Rührglas mit Ausgießtülle
• einen langstieligen Barlöffel
• einen gut isolierenden Eiseimer
• eine Eiszange
• Kleinigkeiten wie Trinkhalme, Zahnstocher oder Cocktailspieße zum Garnieren.

Ein Tip: Kaufen Sie möglichst professionelles Gerät – das kostet zwar etwas mehr, macht sich aber langfristig doch bezahlt.

Kleine Gläserkunde

Ein Drink schmeckt erfahrungsgemäß noch mal so gut, wenn er auch im richtigen Glas serviert wird. Sie müssen nun nicht hingehen und ein ganzes Gläserkabinett kaufen. Mit diesen sieben Grundtypen sind Sie Herr jeder Situation:

• dünne Cocktail- oder Sherrygläser mit Stil (Inhalt: etwa 1/8 l)
• schwere Whiskeygläser mit dickem Boden (Inhalt: etwa 1/4 l)
• hohe Gläser (Longdrinkgläser, Inhalt: etwa 1/4 l oder mehr)
• normale Weißweingläser (Inhalt: etwa 1/4 l)
• Sektkelche (Inhalt: 1/8 l oder mehr)
• klassische »doppelte« Schnapsgläser (Inhalt: 4 cl oder mehr)
• hitzebeständige Teegläser für die »heißen Sachen« (Inhalt: etwa 1/4 l)

Für Ihre Hausspezialität kann ein besonderes Glas, zum Beispiel eine Sektschale, nötig sein und darf nicht fehlen.

Mit diesen 7 Gläsertypen sind Sie gut gerüstet (von links): Sektkelche, »doppeltes« Schnapsglas, Weißweinglas, hohe Gläser, Whiskeyglas, Cocktailgläser, Teeglas.

Und wenn Sie sich zum Irish-Coffee-Fan entwickeln sollten, können Sie Ihr Lieblingsgetränk natürlich auch in speziellen Irish-Coffee-Gläsern servieren. Die Gläser sollten in jedem Fall schlicht, handlich und möglichst spülmaschinenfest sein. Kitschige Prunkkelche mit Gravur sollten Sie am besten »lieben Freunden« schenken.

Puristen werden sich vielleicht über Weingläser in der Hausbar wundern. Sollen Sie: Solche einfachen Gläser sind ungemein vielseitig und eignen sich für eine ganze Reihe von Drinks: Sours, Fruchtsaft-Cocktails – zur Not taugen sie sogar für den Gast, der nach dem Essen gerne Cognac trinkt. Die bauchigen, zerbrechlichen Kelche können Sie sich deshalb sparen. Übrigens: Gläser werden in einer guten Bar nie mit der Öffnung nach unten stehend aufbewahrt, weil sich sonst eventuell lästige Spuren von Spülmittel am Glasrand ansammeln könnten. Und wer Gläser im Schrank aufeinander stapelt, bei dem sind die Scherben sozusagen vorprogrammiert, vor allem wenn es mal beim Mixen hektisch zugehen sollte.

Oben: Würzende Zutaten, süß und pikant, geben vielen Drinks das »gewisse Etwas« (Seite 6).
Unten: Auf das richtige Handwerkszeug kommt's an. Mit diesen Utensilien können Sie sich an alle Mixgetränke wagen (Seite 7/8).

Die kalte Kunst

Ein findiger Barkeeper kann jeden Notfall meistern – vorausgesetzt, es ist genügend Eis im Haus… Eiswürfel sollten deshalb immer im Überfluß vorhanden sein. Mit einer winzigen Schale, wie sie die Kühlschrankhersteller gewohnheitsmäßig mitliefern, kommen Sie nicht weit.

Je kälter das Eis, desto langsamer schmilzt es im Glas; die Drinks verwässern nicht so schnell. Also ruhig mal den Froster höher drehen und schon mal Eis auf Vorrat produzieren. Leider gibt es aber ein Problem: Im Kühlschrank nehmen die Eiswürfel schnell das Aroma der Lebensmittel an. Sie sollten deshalb möglichst nicht älter sein als eine Woche. Bevor Sie

Gäste zu sich bitten, sollten Sie also rechtzeitig anfangen, Würfel aus den Schalen in große Schüsseln umzufüllen oder in Plastikbeutel zu packen und im Kühlfach oder in der Tiefkühltruhe zu lagern. Haben Sie eine größere Gartenparty oder ein Grillfest geplant, finden Sie in den Gelben Seiten Ihres Telefonbuchs die Adresse der nächsten Eisfabrik, die Ihnen mit Blockeis weiterhilft.

Hinter der Bar gehört das Eis in einen luftdichten, isolierten Behälter, damit es möglichst

lange hart bleibt. Holen Sie immer nur soviel aus dem Kühlschrank, wie gebraucht wird. Rechnen Sie ruhig mit drei bis vier Würfeln pro Gast.
Übrigens: Eiswürfel sorgen nicht nur für die nötige Polarkälte in Ihrem Glas – sie sind auch ein höchst dekoratives Element. Wenn Ihnen die viereckigen Würfel zu prosaisch sind, können Sie im Küchen-Spezialladen auch Eisschalen für andere eisige Formen kaufen. Vielleicht versuchen Sie's mal mit Herzchen…

Geben Drinks eine attraktive südliche oder tropische Note (von links): Cassissirup, Mango- und Maracujasirup, Grapefruit-, Ananas- und Maracujasaft, Creme of Coconut (Seite 4).

Mixen nach Rezept

Es ist noch kein richtiger Mixer vom Himmel gefallen. Sie tun deshalb gut daran, sich zunächst genau an die Rezepte in diesem Buch zu halten. Wir haben sie alle vorher sorgfältig ausprobiert und können die Hand dafür ins Feuer legen, daß sie so schmecken, wie sie sollen.

In anderen Rezeptbüchern werden Sie manchmal mehr oder weniger vage Mengenangaben finden, und da wird die Sache dann schon schwieriger. Ein »großer Meßbecher« entspricht etwa einem großzügig eingeschenkten doppelten Schnaps, also rund 5 cl; ein »kleiner Meßbecher« ist dasselbe wie eine amerikanische Unze, also rund 2,8 cl. Aber was ist zum Beispiel ein »Spritzer«? Jeder Barkeeper versteht darunter etwas anderes. Außerdem kann die Menge je nach Konsistenz des Produkts unterschiedlich sein, von einem Tropfen bei dickflüssigem Grenadinesirup bis zu acht oder zehn Tropfen bei Angostura- oder Orangen-Bitter. Da werden Sie auf Dauer ein Gefühl für die richtigen Mengen entwickeln müssen. Je erfahrener Sie werden, desto mehr werden Sie sich trauen können, von den vorgegebenen Rezepten abzuweichen und mit eigenen Mixturen herumzuspielen. Nur eine Bitte – auch im Interesse Ihrer Gäste: Probieren Sie Ihre eigenen Rezepte vorher ein paarmal aus, damit sie auch richtig sitzen... Versuchen Sie auch nicht, einen mißlungenen Drink zu retten. Er gehört in den Ausguß!

Eiszeit im Glas: Eiswürfel oder zerstoßenes Eis geben Ihrem Drink nicht nur die nötige Polar-Kälte, sie sind auch ein höchst dekoratives Element (Seite 10).

Barkeeper-Geheimnisse

Haben Sie sich auch schon mal beim Anblick eines perfekt mixenden Barprofis gefragt: Wie macht der das nur? So viele Drinks in so kurzer Zeit – und einer schöner und wohlschmeckender als der andere. Natürlich hat jeder Barkeeper so seine Tricks. Ein paar davon können Ihnen zu Hause auch etwas nützen:

• Ständiges Tropfen vermeiden Sie, wenn Sie den Mund der Flasche ab und zu mit Wachspapier abreiben.

• Immer erst das Eis ins Glas, dann die Flüssigkeiten. Und: Die Eiswürfel sollten so groß wie möglich sein, damit sie langsamer schmelzen.

• Kohlensäurehaltige Mixer wie Cola, Tonic oder Soda kommen immer zum Schluß ins Glas, damit der Sprudeleffekt länger erhalten bleibt. Aus dem gleichen Grund gehören Stöpsel auf die kohlensäurehaltigen Flaschen.

• Bei Mixgetränken, die Fruchtsäfte enthalten und die Sie nicht nach genauen Mengenangaben

11

zubereiten, sondern sozusagen aus dem »Handgelenk schütteln«, kommt der Alkohol immer zum Schluß ins Glas. Damit können Sie die Stärke des Drinks besser regulieren.

• Wenn Sie Garnituren wie Oliven, Cocktailkirschen oder andere »Blickfänger« rechtzeitig auf einem flachen Teller anrichten, sparen Sie später viel Zeit. Unter einer Frischhaltefolie lassen sie sich ein paar Stunden im Kühlschrank aufbewahren. Am idealsten und vitaminschonendsten ist es natürlich, den »Deko-Teller« kurz vor Eintreffen der Gäste herzurichten.

Schmückendes Beiwerk

Über Geschmack soll man bekanntlich nicht streiten, aber bitte: Überlassen Sie die kleinen bunten Papierschirme, Landesflaggen und anderen Schnickschnack den italienischen Eisdielen. Ein guter Barkeeper läßt sich zur Garnierung seiner Drinks lieber etwas einfallen, das natürlich aussieht und womöglich auch eine geschmacksverbessernde Wirkung besitzt. Scheiben von Zitrone, Orange und Limone oder Spiralen aus ihren Schalen gehören deshalb

Bunt und vielfältig wie die Welt der Drinks sind auch die Möglichkeiten, sie zu dekorieren. Was Sie alles für das »Outfit« Ihres Drinks tun können, finden Sie auf Seite 12 und 14.

zum Standardrepertoire, das aber damit noch längst nicht erschöpft sein muß:

• Zweige und Blätter von frischer Minze kontrastieren gut zu den warmen Farbtönen vieler Drinks.
• Entkernte Morello- oder Maraschinokirschen geben einem Manhattan erst den richtigen Pfiff.
• In Sirup eingelegte Mandarinenspalten passen gut zu Sours.
• Eine Stange frische Ananas, in Zuckersirup getaucht, ist ein interessanter Begleiter zu einem Old Fashioned. Und frische Ananasstücke sind das I-Tüpfelchen für einen Sekt Julep.
• »Früchte der Saison«, zum Beispiel Erdbeeren, Himbeeren, Kirschen, Aprikosen, Pfirsiche,

Weintrauben oder auch Bananenscheiben sind die conditio sine qua non aller Cobblers. Aber auch für einen Gin Smash sind sie ein »Muß«.
• Ganze Walderdbeeren geben Strawberry Fields das »gewisse Etwas«.
• In Essig eingelegte Babychampignons sind mal was anderes als die ewige Olive in einem richtigen Dry Martini.
• Schokoladenraspel sehen toll aus als Top für Sahnehauben oder den schaumigen Frappé Café de Paris.
• Kokosraspel geben exotischen Drinks den richtigen »karibischen« Touch.
• Und manche Drinks verlangen geradezu nach einem Hauch geriebener Muskatnuß – dekorativ obenauf gestreut.

Faustregel:
Vier sind genug

Soviel steht fest: Nichts ist peinlicher, als wenn Ihnen mitten im schönsten Fest die Getränke ausgehen. Die Profis vom Partyservice rechnen für Gesellschaften, auf denen wenig Wein und Bier und dafür mehr Mixgetränke gereicht werden sollen, eine Flasche Hochprozentiges auf vier Personen.

Das Gelingen einer Party oder eines Gartenfestes kann übrigens davon abhängen, wo Sie die Bar aufgebaut haben. Sie gehört außerhalb des Zimmers, zum Beispiel in den Flur. Damit sind Ihre Gäste ständig in Bewegung und es bilden sich keine »Klüngel«. Als Gastgeber haben Sie außerdem eine prima

Zuckerrohr ist der grüne »Ur-Stoff«, aus dem der weiße und braune Rum destilliert werden. Es wird vor allem auf den Karibischen Inseln angebaut, dem klassischen Herkunftsgebiet des Rums.

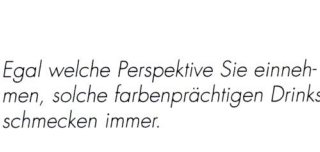

Egal welche Perspektive Sie einnehmen, solche farbenprächtigen Drinks schmecken immer.

Ein Profi in seiner Bar. Man sieht's: Dieser Beruf macht Spaß!

Der Autor Tim Cole im Kreise seiner »Lieben«.

Grund: Wenn der Inhalt direkt mit dem Korken in Berührung kommt, kann die Flasche mit der Zeit leckschlagen und auslaufen. Bewahren Sie Ihre Flaschensammlung auch niemals in der Nähe eines Heizkörpers oder in der prallen Sonne auf, weil übermäßige Hitze die Verdunstung des Alkohols beschleunigt.

In Maßen genießen!

Eine letzte Warnung: Alkohol ist ein Genußmittel, das bei zu häufigem oder unvernünftigem Gebrauch zum Gift werden kann. Bedenken Sie bitte auch, daß die Wirkung von Alkohol von so unterschiedlichen Faktoren abhängig sein kann wie dem Körpergewicht oder davon, wieviel Sie vorher gegessen haben. Schließlich entscheidet auch die Tagesform darüber, wie schnell und wie stark Sie auf das Getrunkene reagieren: Streß und Übermüdung können die Folgen von übermäßigem Alkoholkonsum noch verschlimmern. Es versteht sich von selbst, daß man als Gastgeber einem Autofahrer keinen Alkohol anbieten sollte – es sei denn, er versichert mit dem Taxi heimzufahren. Und für Kinder und Jugendliche ist Alkohol in keiner Form zu empfehlen. Denken Sie auch daran, daß die Wirkung von Alkohol über viele Stunden, ja sogar weit in den nächsten Tag hinein anhalten kann – also: genießen, aber in Maßen.

Ausrede, um sich von einem allzu langatmigen Partylöwen abzusetzen: »Ich muß mal eben an die Bar…«

Vom richtigen Lagern

Ein guter Wein sollte nach dem Öffnen getrunken werden, sonst schmeckt er schal und fad. Spirituosen sind da schon haltbarer – aber unbegrenzt aufheben lassen sie sich nicht. Verschließen Sie deshalb Ihre angebrochenen Flaschen immer sorgfältig. Bei besonders wertvollen Cognacs oder Armagnacs empfiehlt es

sich sogar, den Inhalt in eine kleinere Flasche umzufüllen, wenn der Pegel um die Hälfte gesunken ist, damit der Luftkontakt und damit die Verdunstung verringert wird. Farbige Liköre können mit der Zeit verblassen, ohne ihren Geschmack zu verlieren. Trotzdem lohnt es sich, bei selten gefragten Sorten von vornherein kleinere Flaschen zu kaufen.

Anders als Weine werden Spirituosenflaschen übrigens stehend gelagert, vor allem, wenn sie mit einem Naturkorken verschlossen sind. Das hat auch einen

15

SO WIRD'S GEMACHT

Im Shaker schütteln

James Bond verlangte seinen Dry Martini grundsätzlich geschüttelt, aber einem Engländer verzeiht man ja seine Marotten. Grundsätzlich gilt: Nur Drinks mit Fruchtsäften, Zucker, Eiern oder Sahne werden geschüttelt. Alle anderen rührt man in einem dafür vorgesehenen Glas, und zwar mindestens zehn Sekunden lang, damit sich die Zutaten richtig durchmischen. Kohlensäurehaltige Flüssigkeiten wie Soda, Cola oder Tonic besorgen übrigens das Rühren von alleine. In diesem Fall genügt es, zwei- oder dreimal umzurühren – mehr nicht, damit sich die perlende Wirkung nicht verflüchtigt.

1. Geben Sie zuerst die Eiswürfel oder (falls das Rezept es verlangt) zerstoßenes Eis in den Shaker.

2. Verschließen Sie den Shaker fest und halten Sie ihn etwa in Brusthöhe mit beiden Händen fest.

3. Schütteln Sie ihn dann kräftig, aber kurz (die genaue Zeit steht jeweils im Rezept), weil sonst der Inhalt zu sehr verwässert wird. Schütteln Sie immer waagerecht nach vorne und zurück oder über die Schulter nach hinten. So erzielen Sie die besten Ergebnisse.

4. Nehmen Sie das Oberteil des Shakers ab und setzen Sie das Barsieb (Strainer) so ein, daß die gesamte Öffnung des Shakers beim Gießen abgedeckt ist.

Zuckersirup zubereiten

Am einfachsten wäre es ja, einen Löffel Zucker ins Glas zu schütten und umzurühren. Doch leider läßt sich Zucker ausgesprochen schlecht in kalter Flüssigkeit auflösen, weshalb findige Barkeeper auf den Trick mit dem Zuckersirup gekommen sind. Wenn Sie sich die Mühe nicht machen wollen, tut es oft auch ein bißchen Staub- oder Puderzucker. Er ist nämlich sehr viel leichter löslich als Kristallzucker. Aber denken Sie daran: Das Auge trinkt mit. Ein roter Grenadinesirup oder grüner Kiwisirup, wie er meist beim Feinkosthändler erhältlich ist, süßt und sorgt zugleich für einen Schuß Farbe im Glas.

1. Geben Sie 250 g Zucker und 600 ml heißes Wasser in einen Kochtopf und erhitzen Sie beides unter ständigem Rühren.

2. Tauchen Sie einen Pinsel in heißes Wasser und wischen Sie damit die restlichen Zuckerkristalle von der Topfwand ab.

3. Lassen Sie den Sirup etwa 1 Minute lang kochen. Dann sofort vom Herd nehmen und abkühlen lassen.

4. Den abgekühlten Zuckersirup in eine Flasche füllen und in den Kühlschrank stellen (so hält er sich mehrere Wochen).

Glas frosten

Eine Grundregel lautet: Drinks sollten immer frisch serviert werden. Gefrostete Gläser sollten schön »eisig« aussehen und keine tränenden Tauperlen zeigen. Außerdem: Auf Vorrat gemixte Cocktails mit Eiswürfeln verwässern schnell und sind dann ungenießbar.

Jedem das Seine: Wenn Ihre Gäste den gleichen Drink bekommen, gibt es noch einen kleinen Trick, um keinen Gast zu benachteiligen und die frostige Wirkung beizubehalten: Erfahrene Barmixer stellen die leeren Gläser nebeneinander und gießen sie erst mal halbvoll. Dann gehen sie wieder an den Anfang zurück und verteilen den Rest aus dem Shaker oder Rührglas gleichmäßig. Sie sind in diesem Fall sicher, daß jeder Gast gleichviel bekommt. Und die Zutaten werden dabei besonders gut durchgemischt.

1. Es gibt drei Methoden, Gläser zu »frosten«. Hier ist die erste Methode: Stellen Sie die Gläser einige Stunden vorher in ein Kühlfach oder in die Tiefkühltruhe.

2. Die zweite Methode: Füllen Sie die Gläser mit zerstoßenem Eis und lassen Sie sie kurz stehen.

3. Die dritte Methode: Es reicht auch, wenn Sie die Gläser vor dem Servieren mit Eiswürfeln füllen und ein paarmal umrühren. Bevor Sie den fertigen Drink eingießen, das Glas über dem Eiseimer oder Ausguß leeren.

4. Fassen Sie die gefrosteten Gläser nur mit einem Handtuch an, damit der »eisige« Effekt nicht zerstört wird.

Eis zerkleinern

Ob Sie's glauben oder nicht: Eis schmeckt man. Das gilt vor allem für stark gechlortes Leitungswasser aus dem Wasserhahn. Englische Whiskeytrinker nehmen deshalb nur feinstes Quellwasser, um ihre Eiswürfel zu machen oder importieren ihre Eiswürfel gleich aus Grönland, wo sie aus der Tiefe eines Gletschers gehauen werden. Für den Heimgebrauch genügt es, Eiswürfel zum Beispiel mit Sprudel oder mit »stillem« Wasser aus der Flasche zuzubereiten. Auch sollten Ihre Eiswürfel nicht zu alt sein: Sie können auf Dauer nämlich auch durch die Lebensmittel im Kühlschrank einen unangenehmen Beigeschmack bekommen.

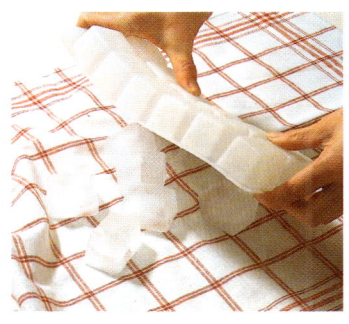

1. Nehmen Sie die Eiswürfel aus den Schalen (bei Plastikschalen genügt ein sanfter Druck, bei Metallschalen kurz etwas lauwarmes Wasser über den Rücken der Schale fließen lassen und die Schale dann kurz gegen die Kante des Spülbeckens klopfen).

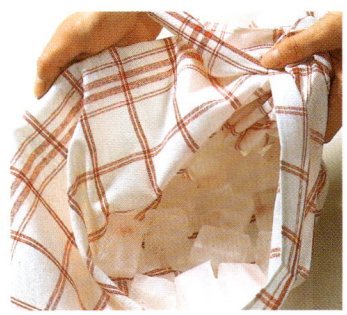

2. Wickeln Sie die »befreiten« Eiswürfel anschließend in ein frisches Handtuch ein.

3. Legen Sie diesen »Beutel« auf einen festen Untergrund und schlagen Sie mit dem Hammer oder Fleischklopfer drauf, bis nur noch kleine Eisstückchen und Kristalle übrig sind.

4. Das Eis ist jetzt teilweise am Handtuch festgefroren. Kratzen Sie es mit einem Löffel ab und bewahren Sie es in einer Schüssel im Kühlfach auf.

Blitzschnell und leicht

lassen sich die Mixgetränke auf diesen Seiten zaubern. Wer nicht viel Zeit hat oder sich als Mixer noch nicht sattelfest fühlt, für den sind diese klassischen Einfach-Drinks genau das Richtige.

Gin and Tonic

Einfacher geht's wirklich nicht!

Zutaten für 1 Drink:
4 Eiswürfel · 4 cl Gin · Tonic Water
Zum Garnieren nach Belieben:
1 Limonen- oder Zitronenscheibe
(Schale unbehandelt)
Was Sie sonst noch brauchen:
1 hohes Glas

1. Die Eiswürfel ins Glas geben, den Gin darüber gießen und mit Tonic Water auffüllen.
2. Falls Sie sich dazu noch aufraffen können: Den Drink mit einer Scheibe Zitrone oder – besser noch – Limone garnieren.

Cuba Libre

Der erfrischende Disco-Schlager.

Zutaten für 1 Drink:
1/2 Zitrone · 4 Eiswürfel
4 cl weißer oder brauner Rum · Cola
Zum Garnieren: 1 Zitronenscheibe
(Schale unbehandelt)
Was Sie sonst noch brauchen:
1 hohes Glas · Saftpresse
1 Strohhalm

1. Den Saft der halben Zitrone in der Saftpresse ausdrücken und beiseite stellen.
2. Das Eis ins Glas geben, den Zitronensaft und den Rum dazugießen und randvoll mit Cola füllen.
3. Das Ganze noch mit einer Zitronenscheibe garnieren und mit dem Strohhalm servieren.

Pastis Orange

Eine reizvolle Mischung mit dem Geschmack von Anisette.

Zutaten für 1 Drink:
4 Eiswürfel · 4 cl Pernod
Orangensaft
Was Sie sonst noch brauchen:
1 hohes Glas

1. Das Eis ins Glas geben, mit dem Pernod (Pastis) übergießen und mit soviel Orangensaft auffüllen, wie Sie mögen – fertig!

Campari Soda mit Pfiff

Kinderleicht. Mit einem winzigen Schuß Vermouth können Sie diesem klassischen Mix noch eine neue Note abgewinnen.

Zutaten für 1 Drink:
3 Eiswürfel · 4 cl Campari
1 Schuß Vermouth rosso
Sodawasser
Zum Garnieren:
1 Spirale Zitronenschale
(unbehandelt)
Was Sie sonst noch brauchen:
1 hohes Glas

1. Die Eiswürfel ins Glas geben. Den Campari über die Eiswürfel gießen.
2. Den Schuß Vermouth rosso dazugeben und dann mit Sodawasser aufgießen.
3. Den Campari Soda mit der Zitronenschale garnieren und servieren.

Gimlet

Mix es noch einmal, Sam: der Drink aus »Casablanca«.

Zutaten für 1 Drink:
4 cl Gin · 2 cl Rose's Lime Juice
4 Eiswürfel · 1 Teel. Puderzucker
Nach Belieben: Sodawasser
Was Sie sonst noch brauchen:
Rührglas · Barsieb (Strainer)
1 hohes Glas

1. Den Gin, den Rose's Lime Juice und den Puderzucker mit den Eiswürfeln ins Rührglas geben.
2. Alles gut umrühren und durch das Barsieb in das hohe Glas füllen. Wer's ganz eisig mag, macht's ohne Barsieb. Die Eiswürfel kommen dann mit ins Glas.
3. Den Drink auf Wunsch mit Soda verlängern.

Black Velvet

Ein Drink für den Bierfreund, der etwas ganz Besonderes sucht.

Zutaten für 1 Drink:
6 cl Guiness (dunkles irisches Bier)
eiskalter Sekt oder Champagner
Was Sie sonst noch brauchen:
1 Sektkelch

1. Das Guiness in den Sektkelch gießen und kurz warten, bis der Schaum fast weg ist.
2. Das Glas langsam mit Sekt oder Champagner auffüllen.

Ideal für eine große Party: Blitzschnelle Drinks, die sich quasi von alleine zubereiten! Von links nach rechts: Pastis Orange, Cuba Libre, Black Velvet, Campari Soda mit Pfiff, Gimlet, Gin and Tonic

Fizzes aller Art

sprühen über vor Lebensfreude. Der leichteste unter den klassischen Longdrinks muß eiskalt serviert werden. Grundsätzlich muß zuerst kräftig geschüttelt werden, bis der Inhalt schön schaumig ist. Dann kommt noch der »Fizz« dazu – sprudelndes Sodawasser, möglichst aus dem Siphon, oder zu besonderen Anlässen vielleicht auch ein Schlückchen Sekt.

Gin Fizz

Der Urvater aller Fizzes kann nach Belieben auch mit Wodka, Tequila oder Rum zubereitet werden und heißt dann eben anders. Wenn Sie statt Sodawasser Sekt oder Champagner nehmen, erhalten Sie einen Fizz Royal.

Zutaten für 1 Drink:
1/2 Zitrone · 4 Eiswürfel · 6 cl Gin
2 cl Zuckersirup (Seite 17)
Sodawasser
Was Sie sonst noch brauchen:
1 hohes Glas · Shaker
Barsieb (Strainer) · Saftpresse

1. Den Saft der halben Zitrone in den Shaker gießen. Die Eiswürfel, den Gin und den Zuckersirup dazugeben und alles etwa 10 Sekunden lang kräftig schütteln.
2. Durch das Barsieb ins Glas gießen und mit Soda auffüllen.

Paradiesvogel-Fizz

Schon ein bißchen raffinierter!

Zutaten für 1 Drink:
1/2 Zitrone · 1 Ei · 6 cl Gin
1 Eßl. Grenadinesirup
1 Eßl. Puderzucker · 4 Eiswürfel
Sodawasser
Was Sie sonst noch brauchen:
1 hohes Glas · Shaker
Barsieb (Strainer) · Saftpresse

1. Die halbe Zitrone auspressen und den Saft in den Shaker gießen.
2. Das Ei am Rand des Shakers aufschlagen und das Eigelb vorsichtig über dem Shaker von einer Schalenhälfte in die andere gleiten lassen. Dabei das Eiweiß in den Shaker abfließen lassen. Das Eigelb anderweitig verwenden.
3. Den Gin, den Grenadinesirup, den Puderzucker und die Eiswürfel zu den anderen Zutaten in den Shaker geben. Alles etwa 20 Sekunden lang schütteln. Durch das Barsieb ins Glas gießen und mit Sodawasser auffüllen.

Green Fizz

Der etwas andere Fizz mit einem reizvollen Hauch von Minze-Aroma.

Zutaten für 1 Drink:
1 Ei · 1/2 Zitrone
6 Eiswürfel · 4 cl Wodka
1 Teel. Crème de Menthe, grün
2 cl Zuckersirup (Seite 17)
Sodawasser
Zum Garnieren:
1 Zitronenscheibe
(Schale unbehandelt)
Was Sie sonst noch brauchen:
1 hohes Glas · Shaker
Barsieb (Strainer) · Saftpresse
1 Strohhalm

1. Das Ei wie beim »Paradiesvogel-Fizz« trennen (Rezept auf dieser Seite).
2. Die halbe Zitrone auspressen. Den Saft in den Shaker gießen. Die Eiswürfel, den Wodka, die Crème de Menthe und den Zuckersirup dazugeben und alles etwa 10 Sekunden lang schütteln.
Durch das Barsieb ins Glas gießen und mit Sodawasser auffüllen.
3. Den Green Fizz mit der Zitronenscheibe garnieren und den Drink mit dem Strohhalm servieren.

Hawaii-Fizz

Zutaten für 1 Drink:
4 Eiswürfel · 6 cl brauner Rum
3 cl Ananassaft
1 Teel. Puderzucker · Sodawasser
Was Sie sonst noch brauchen:
1 hohes Glas · Shaker
Barsieb (Strainer)

1. Die Eiswürfel mit dem Rum, dem Ananassaft und dem Zucker in den Shaker geben.
2. Diese Mischung etwa 15–20 Sekunden lang möglichst kräftig schütteln.
3. Den Inhalt des Shakers durch das Barsieb ins Glas gießen. Das Glas dann mit Sodawasser auffüllen.

Hinten von links nach rechts: Paradiesvogel-Fizz, Green Fizz, Hawaii Fizz; vorne: Gin Fizz.

Kir

Der Burgunder trinkt ihn täglich – die klassische Mischung aus Johannisbeerlikör und einem einfachen, ehrlichen weißen Landwein. Die Schickimickis ruinieren sich auf diese Weise lieber einen guten Champagner. Dabei täte es genausogut ein einfacher Sekt – gegen den Cassisgeschmack kommt er ohnehin kaum an. Findige Barkeeper haben unzählige Variationen dieses Themas dazuerfunden.

Kir

Am einfachsten und besten ist das Originalrezept aus Dijon.

Zutaten für 1 Drink:
1 Teelöffel Crème de Cassis
(schwarzer Johannisbeerlikör)
kalter trockener Weißwein
Was Sie sonst noch brauchen:
1 Weißweinglas

1. Einen Teelöffel Crème de Cassis (oder noch weniger – der Geschmack ist sehr ausdrucksvoll!) ins Glas geben und mit Weißwein aufgießen.

Varianten:

Das Grundrezept läßt sich fast beliebig abwandeln. Hier ein .paar der populärsten Varianten:

Kir Royal

gilt spätestens seit der Fernsehserie gleichen Namens bei vielen als besonders chic und ist genauso blitzschnell zubereitet, wenn Sie statt Weißwein einen trockenen Sekt, notfalls auch einen Champagner dazunehmen (aber eigentlich ist es um den guten Champagner viel zu schade…).

Kir Impérial

Wenn Sie es etwas weniger süß, aber dafür herzhafter lieben: Nehmen Sie noch etwas weniger Crème de Cassis und dafür einen Teelöffel Framboise (französischen Himbeergeist) oder Himbeerwasser dazu. Mit trockenem Sekt aufgießen.

Le Cardinal

Das Ganze in Rot: Statt Weißwein nehmen Sie zur Crème de Cassis einen kellerkühlen, möglichst jungen Beaujolais.

Bellini

Commendatore Cipriani, der ein berühmtes Hotel in Venedig besaß, erfand diese Antwort auf den Kir.

Zutaten für 1 Drink:
1 reifer frischer Pfirsich
eiskalter Sekt
1–2 Tropfen Grenadinesirup
Was Sie sonst noch brauchen:
1 Sektkelch
Küchenmaschine oder Mixer
Barlöffel

1. Den Pfirsich dünn schälen. Das Fruchtfleisch des Pfirsichs in Spalten vom Kern schneiden und durch ein Küchensieb, in der Küchenmaschine oder im Mixer pürieren.
2. Das Fruchtpüree in den Sektkelch geben und das Glas mit Sekt auffüllen. Sekt und Pfirsichpüree mit dem Grenadinesirup verrühren.

Goldwasser Royal

Die winzigen Stückchen echten Goldes, die im original Danziger Goldwasser schwimmen, verleihen diesem originellen Drink ein effektvolles Schillern.

Zutaten für 1 Drink:
1 Kugel Zitronensorbet
2 cl Danziger Goldwasser
eiskalter Sekt
Was Sie sonst noch brauchen:
1 Sektkelch
Kugelausstecher oder 2 Löffel

1. Das Zitronensorbet mit dem Kugelausstecher zur Kugel formen und in den Sektkelch legen. Falls Sie keinen Kugelausstecher haben, formen Sie etwas Zitronensorbet zwischen zwei Löffeln zu einer Kugel und legen sie dann vorsichtig in den Sektkelch.
2. Das Goldwasser langsam über das Eis gießen, damit es an allen Seiten des Sorbets herunterrinnt.
3. Das Glas mit eiskaltem Sekt auffüllen.
4. Servieren Sie den Drink als Aperitif oder als kühle, würzige Erfrischung zwischendurch.

Den Kir oder den faishonablen Kir Royal kennt inzwischen jeder. Dabei sind Bellini und Goldwasser Royal genauso chic. Probieren Sie doch mal!
Von links nach rechts: Kir, Goldwasser Royal, Bellini.

Frappés

sind frappierend einfach und damit das ideale Getränk für einen heißen Sommerabend. Eigentlich bestehen sie ja nur aus Eis und irgendeinem Geschmacksträger, beispielsweise einem Likör oder alkoholfreiem Fruchtsirup. Natürlich kann man sie auch verfeinern – wie die folgenden Rezepte zeigen.

Orangen-Frappé

Ein cremiger Drink mit einem erfrischenden Hauch Bitterorangen-Aroma.

Zutaten für 1 Drink:
2 Eßl. Vanilleeis · 4 cl Gin
2 cl Cointreau (Bitterorangenlikör)
2 Eßl. Sahne
Zum Garnieren:
1 Stück unbehandelte
Orangenschale (etwa 5 x 5 cm)
1 Eßl. Zucker
Was Sie sonst noch brauchen:
1 Sektkelch · Shaker
Barsieb (Strainer) · kleinen Kochtopf
1 Teelöffel · 1 Strohhalm

1. Für die Garnierung die Orangenschale in kurze Streifen von der Größe eines Streichholzes schneiden. Den Zucker im Kochtopf in 1/4 l Wasser auflösen und bis kurz vor dem Kochen erhitzen. Die Orangenschalenstreifen in dem heißen Sirup etwa 5 Minuten ziehen lassen. Dann herausheben und auf einem Stück Küchenkrepp abkühlen lassen.
2. Das Vanilleeis mit dem Gin, dem Cointreau und der Sahne in den Shaker geben und etwa 20 Sekunden lang schütteln.
3. Den Inhalt des Shakers durch das Barsieb ins Sektglas gießen. Mit den Orangenschale-Stückchen garnieren und mit dem Strohhalm und dem Teelöffel servieren.

Frappé Café de Paris

Würziger Kaffee, eiskalt serviert.

Zutaten für 2 Drinks:
600 ml frisch gekochter, starker Kaffee (aus der doppelten Kaffeemenge)
2 Stangen Zimt · 4 Gewürznelken
4 Pimentkörner · 150 g Sahne
6 Eiswürfel
Zucker nach Geschmack
Zum Garnieren: Schokoladenraspel
Was Sie sonst noch brauchen:
1 großen Krug (etwa 1 l)
Küchenmaschine oder Mixer
2 gefrostete hohe Gläser oder Sektschalen (Seite 18)
2 Strohhalme

1. Den kochendheißen Kaffee in den Krug gießen. Die Zimtstangen, die Gewürznelken und die Pimentkörner hinzufügen.
2. Den Krug für mindestens 1 Stunde in den Kühlschrank stellen. Eine halbe Stunde vor dem Servieren die Gläser frosten (Seite 18).
Den Krug aus dem Kühlschrank nehmen und den Inhalt durch ein Sieb in die Küchenmaschine oder den Mixer gießen.
3. Die Sahne, die Eiswürfel und Zucker dazugeben. Das Gerät auf hohe Stufe schalten und warten, bis die Mischung schaumig und glatt ist. Wenn Sie vorher zerstoßenes Eis (Seite 19)

nehmen, können Sie auch ein Handrührgerät verwenden.
4. Die Mischung sofort in die vorgekühlten Gläser geben und mit Schokoladenraspeln bestreuen. Mit den Strohhalmen schnell servieren, bevor der Schaum in sich zusammenfällt.

White Dream Frappé

Ein Eis-Traum, den Sie mit etwas Übung aus dem Handgelenk schütteln werden.

Zutaten für 1 Drink:
2 Eßl. Zitroneneis · 2 cl Gin
2 cl Crème de Menthe, weiß
2 Eßl. Sahne
Zum Garnieren:
1 Zitronenscheibe
(Schale unbehandelt)
Was Sie sonst noch brauchen:
1 Sektkelch · Shaker
Barsieb (Strainer) · 1 Strohhalm

1. Das Zitroneneis zusammen mit dem Gin, der Crème de Menthe und der Sahne in den Shaker geben.
2. Das Ganze etwa 20 Sekunden lang gut durchschütteln und durch das Barsieb ins Sektglas gießen.
3. Den schaumigen Drink mit der Zitronenscheibe dekorieren und mit dem Strohhalm servieren.

Frappés, frappierend einfach und frappierend köstlich! (Von links nach rechts): Frappé Café de Paris, Orangen-Frappé, White Dream Frappé.

Daisies

sind großgeratene Cocktails mit viel Likör, Limonen- oder Zitronen-saft und fast immer auch mit Grenadine. Zur Dekoration nimmt man Früchte der Saison und vielleicht noch ein paar frische Minzeblätter. Auf die Margaritenblüte (englisch: »Daisy«), die diesen typischen Damen-Drinks ihren Namen gab, kann allerdings getrost verzichtet werden.

Rum Daisy

Das Daisy-Grundrezept mit ei-nem kleinen Hauch von Karibik.

Zutaten für 1 Drink:
1/2 Zitrone · 6 Eiswürfel
5 cl brauner Rum
1 Teel. Puderzucker
1 Teel. Grenadinesirup
Sodawasser
Zum Garnieren: Früchte der Saison
Was Sie sonst noch brauchen:
1 Weißweinglas oder ein »weib-liches« Cocktailglas
Shaker · Barsieb (Strainer)
Saftpresse · 1 Strohhalm

1. Die halbe Zitrone aus-pressen.
2. 4 Eiswürfel zerkleinern (Seite 19) und das Glas damit fast randvoll füllen.
3. Den Rum, den Zitronensaft, den Puderzucker und die restli-chen 2 Eiswürfel in den Shaker geben. Den Grenadinesirup dazugeben. Fest verschließen und etwa 1 volle Minute schütteln, bis der Inhalt leicht schaumig ist.
4. Durch das Barsieb über das Eis ins Glas gießen. Mit etwas Sodawasser auffüllen. Den Drink mit frischen Früchten gar-nieren und mit dem Strohhalm servieren.

Ein paar beliebte Abwandlun-gen sind:

Canal Street Daisy

Zutaten für 1 Drink:
1/4 Zitrone · 1/4 Orange
6 Eiswürfel · 4 cl Bourbon Whiskey
1 Teel. Puderzucker · Sodawasser
Zum Garnieren: Früchte der Saison
1 Zweig Minze
Was Sie sonst noch brauchen:
siehe Daisy-Grundrezept

Die Früchte auspressen und weiterverfahren wie im Grund-rezept. Am Schluß mit Soda-wasser aufgießen und mit den Früchten und der Minze garnieren.

Apple Daisy

Zutaten für 1 Drink:
1/2 Zitrone · 6 Eiswürfel · 2 cl Gin
2 cl Apfelschnaps
1 Teel. Puderzucker
1 Teel. Grenadinesirup
Sodawasser
Zum Garnieren: Früchte der Saison
Was Sie sonst noch brauchen:
siehe Daisy-Grundrezept
1 Krug (etwa 1/4 l Inhalt)

Wie im Grundrezept verfahren, aber in einem Krug servieren und dem größeren Volumen entsprechend mit etwas mehr Sodawasser aufgießen.

Gin Crusta

Was den Damen der Daisy, ist den Herren der Schöpfung traditionell der Crusta mit dem typischen Zuckerrand.

Zutaten für 1 Drink:
1/2 Zitrone · 4 Eiswürfel
4 cl Gin · 1 Spritzer Angostura-Bitter
1 Teel. Maraschino-Likör
1 Eßl. Zucker
Zum Garnieren:
1 Cocktailkirsche
Was Sie sonst noch brauchen:
1 Weißweinglas · Shaker
Barsieb (Strainer) · Saftpresse
1 Teller · 1 Strohhalm

1. Die halbe Zitrone in der Saft-presse auspressen und den Saft in den Shaker gießen.
2. Die Eiswürfel, den Gin, den Angostura und den Maraschino-Likör in den Shaker geben und etwa 20 Sekunden schütteln.
3. Den Rand des Weißweingla-ses mit der ausgedrückten Zitro-ne abreiben. Den Zucker auf dem Teller verteilen und das Glas so darin drehen, daß ein dicker Zuckerrand entsteht.
4. Den Inhalt des Shakers durch das Barsieb ins Glas gießen. Darauf achten, daß der Zucker-rand nicht beschädigt wird.
5. Den Drink mit der Cocktail-kirsche garnieren und mit dem Strohhalm servieren.

Daisies gelten als typisches Damen-getränk, schmecken aber sicher auch manchem »gentleman«.
Bild oben: links Apple Daisy, rechts Gin Crusta.
Bild unten: links Canal Street Daisy, rechts Rum Daisy.

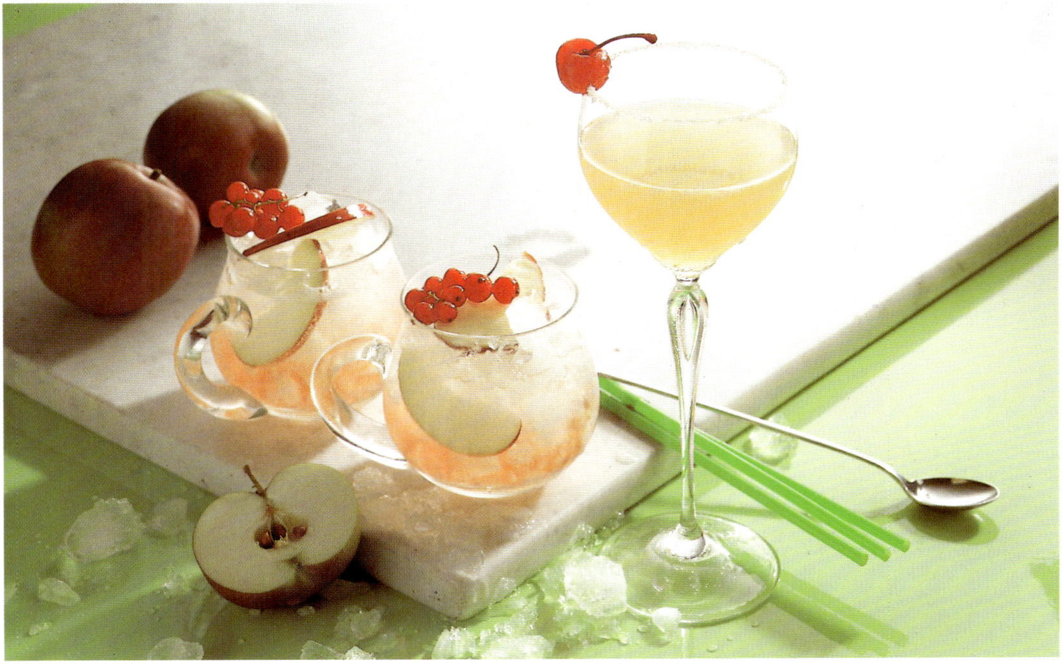

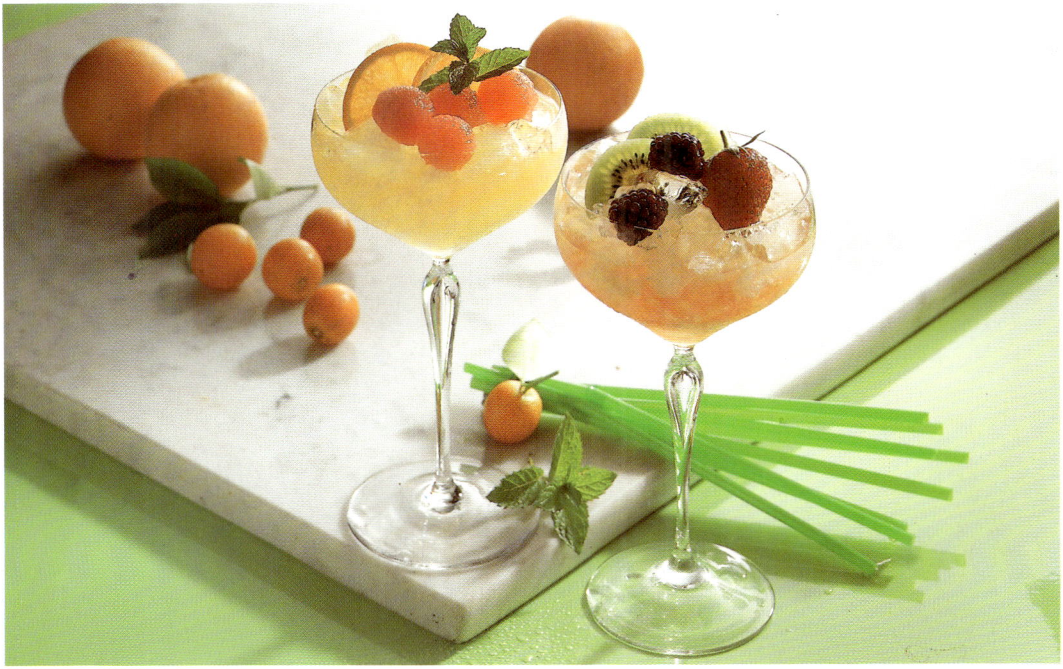

Cobblers

sind Obstsalate, die man trinken kann. Sie sollen angeblich von einem Schuster erfunden worden sein. Wir vermuten allerdings: Es war seine Frau, denn bis heute sind diese köstlichen Früchtebecher auf einem Berg zerstoßenem Eis ein Sommer-Favorit vieler Damen.

Rum Cobbler

Das Grundrezept gilt für alle Cobblers. Aber hier ist Phantasie gefragt. Erfinden Sie ruhig selber neue Variationen dazu!

Zutaten für 1 Drink:
6 Eiswürfel · 4 cl brauner Rum
1 Teel. Puderzucker
4 cl Sodawasser
Zum Garnieren:
Früchte der Saison, zum Beispiel
Erdbeeren, Ananas, Kiwi
Was Sie sonst noch brauchen:
1 hohes Glas oder Sektkelch
Rührglas · Barlöffel
1 Strohhalm · 1 Teelöffel

1. Die Eiswürfel im Handtuch mit dem Hammer oder Fleischklopfer zerschlagen (Seite 19).
2. Das Glas so hoch mit Eis füllen, daß oben ein kleiner Hügel entsteht. Den Rum langsam hineingießen und dabei über den Eisberg verteilen.
3. Mit möglichst vielen bunten Früchten garnieren. Hier sind es Erdbeeren, Ananas und Kiwi.

4. Den Puderzucker im Rührglas mit Sodawasser auflösen und mit dieser Mischung den Cobbler aufgießen. Den Drink mit dem Strohhalm und dem Teelöffel für die Früchte servieren.

Varianten:

Je nachdem, welche Spirituose Sie nehmen, ergibt sich zum Beispiel ein Gin Cobbler, Sherry Cobbler oder Whiskey Cobbler.
Statt Sodawasser können Sie zum Aufgießen Sekt, Wein oder Ginger Ale nehmen.
Zum Garnieren können Sie praktisch alle Fruchtarten nehmen: Kirschen, Ananas, Mandarinen, Bananen, Orangen und sogar Weintrauben.

Bordeaux Cobbler

Im Grunde ein »gespritzter« Rotwein mit wenig Alkohol und viel Geschmack.

Zutaten für 1 Drink:
1 Teel. Puderzucker · Sodawasser
10 cl einfacher französischer Landwein oder Bordeaux
6 zerstoßene Eiswürfel (Seite 19)
Zum Garnieren:
Früchte der Saison
Was Sie sonst noch brauchen:
1 hohes Glas oder Sektkelch
Barlöffel · 1 Strohhalm · 1 Teelöffel

1. Den Puderzucker ins Glas geben und etwas Sodawasser

dazugießen. Den Zucker durch Rühren mit dem Barlöffel auflösen.
2. Den Rotwein dazugießen und das Glas anschließend so hoch mit zerstoßenem Eis füllen, daß oben ein kleiner Hügel entsteht.
3. Mit den frischen Früchten dekorieren und den Drink mit dem Strohhalm und einem Teelöffel für die Früchte servieren.

Lisboa

Die portugiesische Antwort auf den Cobbler.

Zutaten für 1 Drink:
4 zerstoßene Eiswürfel (Seite 19)
6 cl weißer Portwein · Sodawasser
Zum Garnieren:
Früchte der Saison · 1 Zweig Minze
Was Sie sonst noch brauchen:
1 hohes Glas · Barlöffel
1 Strohhalm · 1 Teelöffel

1. Das Glas mit dem zerstoßenen Eis so hoch füllen, daß oben ein kleiner Hügel entsteht.
2. Den Portwein über das Eis gießen, mit Sodawasser auffüllen und alles kurz umrühren.
3. Den Drink mit Minzeblättern und frischen Früchten garnieren (hier ist es ein Pfirsichschnitz und eine Bananenscheibe). Mit dem Strohhalm und dem Teelöffel servieren.

Wenn Sie ein Fan von frischem, vollreifem Obst sind, liegen Sie mit Cobblers genau richtig. Man könnte sie nämlich auch als alkoholischen Obstsalat deuten.
Von links nach rechts: Lisboa, Rum Cobbler, Bordeaux Cobbler.

Longdrinks

sind für viele der Inbegriff des Mixgetränks überhaupt. Man kann sich daran herrlich festhalten auf einer Party, immer wieder zwischendurch nippen und behält dabei immer einen klaren Kopf.

Volltreffer

landen Sie mit diesem erfrischenden Apfelsaft-Drink.

Zutaten für 1 Drink:
4–6 Eiswürfel · 3 cl Weinbrand
6 cl Apfelsaft oder Cidre (leichter Apfelwein) · Ginger Ale
Zum Garnieren: eine Zitronenscheibe (Schale unbehandelt) oder frische Minzeblätter
Was Sie sonst noch brauchen:
1 hohes Glas · Barlöffel
1 Strohhalm

1. Die Eiswürfel randvoll in das Glas füllen. Zuerst den Weinbrand, dann den Apfelsaft dazugießen. Gut umrühren. Mit Ginger Ale auffüllen.
2. Mit der Zitronenscheibe oder den Minzeblättern und dem Strohhalm servieren.

Irish Highball

Irischer Whiskey liegt im Trend, weil er leichter schmeckt als der rauchige Vetter aus Schottland.

Zutaten für 1 Drink:
1/2 Limone (Schale unbehandelt)
4–6 Eiswürfel · 6 cl Irish Whiskey
Sodawasser
Was Sie sonst noch brauchen:
1 hohes Glas · Barlöffel
Saftpresse · 1 Strohhalm

1. Die halbe Limone hauchdünn schälen, damit eine kleine Spirale entsteht. Die Frucht auspressen und den Saft ins Glas gießen.

2. Die Eiswürfel und den Irish Whiskey dazugeben, ein paarmal leicht umrühren. Mit Sodawasser auffüllen. Mit der Limonenspirale garnieren und mit dem Strohhalm servieren.

Los Angeles

Ohne Alkohol heißt diese erfrischende Kreation einfach »San Francisco«.

Zutaten für 1 Drink:
1 Orange · 1 Zitrone
1/2 Grapefruit · 2 cl Maracujasaft
2 cl Ananassaft · 2 cl Grenadinesirup · 6 Eiswürfel · 4 cl Wodka
2 cl Grand Marnier
1 Eßl. Kristallzucker
Zum Garnieren:
1 Spirale aus Orangenschale (Schale unbehandelt)
Was Sie sonst noch brauchen:
1 hohes Glas · Shaker
Barsieb (Strainer) · 1 Teller
Saftpresse · 1 Strohhalm

1. Die Zitrusfrüchte auspressen. Die frischen Säfte zusammen mit dem Maracujasaft, dem Ananassaft und dem Grenadinesirup in den Shaker gießen. 3 Eiswürfel, den Wodka und den Grand Marnier hinzufügen und alles etwa 20 Sekunden lang schütteln.
2. Den Zucker auf dem Teller verteilen. Den Rand des Glases mit der ausgepreßten Zitrone abwischen und anschließend so auf dem Teller drehen, daß ein Zuckerrand entsteht.

3. Die restlichen 3 Eiswürfel ins Glas geben und den Inhalt des Shakers durch das Barsieb darüber gießen, ohne den Zuckerrand des Glases zu beschädigen.
4. Den Drink mit der Orangenschalenspirale garnieren und mit dem Strohhalm servieren.

Oasis

Genau richtig für einen heißen Sommernachmittag.

Zutaten für 1 Drink:
4 Eiswürfel · 1 cl Blue Curaçao
1 Teel. Zuckersirup (Seite 17)
5 cl Gin · Tonic Water
Zum Garnieren:
1 Zitronenscheibe (Schale unbehandelt) · Minzeblätter
Was Sie sonst noch brauchen:
1 hohes Glas · Barlöffel
1 Strohhalm

1. Die Eiswürfel ins Glas geben, den Curaçao und den Zuckersirup darüber gießen.
2. Den Gin hinzufügen, alles leicht umrühren und mit Tonic Water auffüllen.
3. Mit der Zitronenscheibe garnieren. Zum Schluß kommen frische Minzeblätter obendrauf. Mit dem Strohhalm servieren.

Hinten von links nach rechts: Volltreffer, Irish Highball, Oasis; vorne: Los Angeles.

Juleps

Für die Menschen in den Südstaaten der USA ist die richtige Art, einen Julep zu mixen, schon fast eine Sache der Weltanschauung. Der typische Drink der Plantagenbesitzer ist sozusagen das Symbol eines Lebensstils, der vielzitierten »guten alten Zeit«, als die Baumwollfelder reichen Gewinn abwarfen, die Magnolien blühten und die Welt auch sonst noch in Ordnung war.

Mint Julep

Der Klassiker unter den Juleps wird stilecht aus einem Silberbecher getrunken.

Zutaten für 1 Drink:
1 Handvoll frische Minze
1 Teel. Puderzucker
6 zerstoßene Eiswürfel (Seite 19)
6 cl Bourbon Whiskey
1 Spritzer Angostura-Bitter
Was Sie sonst noch brauchen:
1 hohen Silber- oder Zinnbecher
(wahlweise 1 hohes Glas)
Rührglas · Barlöffel · 1 Strohhalm

1. Den Silberbecher etwa 10 Minuten vor dem Servieren ins Gefrierfach oder -gerät stellen. **2.** 10 Minzeblätter ins Rührglas legen. Mit dem Löffelstiel vorsichtig zerquetschen (nicht zerdrücken), damit sich die Aromastoffe lösen. **3.** Den Puderzucker und ein paar Tropfen Wasser dazugeben und weiterrühren, bis sich der Puderzucker aufgelöst hat. **4.** Den Inhalt des Rührbechers in den Silberbecher schütten. **5.** Bis zur Hälfte mit zerstoßenem Eis auffüllen und 3 cl Bourbon Whiskey und den Angostura-Bitter darüber gießen. Alles kurz verrühren. Zum Schluß den Becher bis zum Rand mit zerstoßenem Eis füllen und den restlichen Bourbon dazugießen. Kräftig umrühren. Wenn der »eisige« Effekt des gefrosteten Bechers schon dahin ist, so lange rühren bis der Becher vor Kälte beschlägt. **6.** Die restliche Minze zum Garnieren nehmen. Den Strohhalm so kurz abschneiden, daß Sie beim Trinken mit der Nase fast die Minzeblätter berühren – dann atmen Sie nach jedem Schluck noch den herrlichen Minzeduft mit ein.

Sekt Julep

Mit einer prickelnden Note.

Zutaten für 1 Drink:
1 Handvoll frische Minze
2 Zuckerwürfel
4 cl Bourbon Whiskey
4 zerstoßene Eiswürfel (Seite 19)
eiskalter Sekt
1 Eßl. frische Ananasstücke
Was Sie sonst noch brauchen:
1 Sektkelch · Rührglas · Barlöffel
1 Teelöffel · 1 Strohhalm

1. 10 Minzeblätter und den Zucker mit ein paar Tropfen Wasser ins Rührglas geben. Mit dem Löffelstiel so verrühren, daß die Minzeblätter zerquetscht, aber nicht zerrissen werden. Den Whiskey dazugeben. **2.** Das Sektglas zu drei Vierteln mit zerstoßenem Eis füllen und den Inhalt des Rührglases darüber gießen. Das Glas dann mit Sekt fast ganz auffüllen und die Ananasstücke dazugeben. Mit der restlichen Minze garnieren und mit dem Strohhalm und dem Teelöffel für die Ananasstücke servieren.

Gin Smash

Ein Smash ist ein Julep, der wie ein Fizz geschüttelt wird.

Zutaten für 1 Drink:
4 frische Minzeblätter
1 Stück Würfelzucker
6 cl Gin · 1 cl trockener Vermouth
4 zerstoßene Eiswürfel (Seite 19)
Sodawasser
Zum Garnieren:
Früchte der Saison (zum Beispiel
Erdbeeren, Kirschen, Himbeeren,
Aprikosen oder Pfirsiche)
Was Sie sonst noch brauchen:
1 Weißweinglas · Shaker
Barsieb (Strainer) · Barlöffel
1 Teelöffel · 1 Strohhalm

1. Die Minzeblätter und den Zucker in den Shaker geben. Ein paar Tropfen Wasser dazugeben und den Inhalt verrühren, bis die Minzeblätter zerquetscht (aber nicht zerdrückt) sind. **2.** Den Gin und den Vermouth dazugießen und etwa 20 Sekunden lang kräftig schütteln. **3.** Das Glas zu drei Vierteln mit zerstoßenem Eis füllen und den Inhalt des Shakers durch das Barsieb dazugießen. **4.** Mit Sodawasser auffüllen und mit den frischen Früchten garnieren. Den Drink mit dem Strohhalm und einem Teelöffel für die Früchte servieren.

Von links nach rechts: Mint Julep, Sekt Julep, Gin Smash.

Internationale Favoriten

sollte jeder Mixer, ob Profi oder ambitionierter Hobby-Barkeeper mixen können. Die klassischen Cocktail-Rezepte auf diesen Seiten gehören zur internationalen Barszene wie Hocker und Tresen und werden deshalb oft verlangt. Vor allem aber: An Ihrer Fähigkeit, beispielsweise einen richtigen Dry Martini zu mixen, werden erfahrene Barbesucher Sie messen.

Screwdriver

Einfach und schnell zu machen – und gerade deshalb ein echter Klassiker.

Zutaten für 1 Drink:
4 Eiswürfel · 4 cl Wodka
10 cl möglichst frischgepreßter
Orangensaft · 4 Eiswürfel
Zum Garnieren:
1 Scheibe Orange (Schale unbehandelt)
Was Sie sonst noch brauchen:
1 hohes Glas · 1 Strohhalm

1. Die Eiswürfel ins Glas geben. Den Wodka darüber gießen. Mit dem Orangensaft auffüllen.
2. Die Orangenscheibe ins Glas legen und den Drink mit dem Strohhalm servieren.

Manhattan

Der Klassiker schlechthin!

Zutaten für 1 Drink:
3 Eiswürfel
4 cl Bourbon oder Canadian Whiskey · 2 cl italienischer Vermouth
1 Spritzer Angostura-Bitter
Zum Garnieren:
1 Cocktailkirsche
Was Sie sonst noch brauchen:
1 gefrostetes Whiskeyglas (Seite 18)
Rührglas · Barsieb (Strainer)
Barlöffel

1. Die Eiswürfel ins Rührglas geben. Den Bourbon, den Vermouth und den Angostura-Bitter dazugeben und kräftig rühren.
2. Die Mischung durch das Barsieb ins Whiskeyglas gießen. Mit der Kirsche garnieren.

Very Dry Martini

Unser Rezept stammt aus dem Plaza Hotel in New York und ist so trocken, trockener geht's nicht.

Zutaten für 1 Drink:
3 Eiswürfel
2 cl trockener Vermouth · 5 cl Gin
Zum Garnieren:
1 Olive oder 1 Babychampignon (eingelegt)
Was Sie sonst noch brauchen:
1 gefrostetes Cocktailglas (Seite 18)
Rührglas · Barsieb (Strainer)
1 Zahnstocher

1. Die Eiswürfel ins Rührglas geben und den Vermouth darüber gießen.
2. Den Vermouth wegschütten. Die Eiswürfel bleiben im Glas.
3. Den Gin zu den Eiswürfeln geben, kurz umrühren. Durch das Barsieb ins gefrostete Cocktailglas gießen.
4. Die Olive auf den Zahnstocher spießen und ins Glas legen.

Old Fashioned

Zutaten für 1 Drink:
1 Zuckerwürfel
1 Spritzer Angostura-Bitter
je 1 Scheibe Orange und Zitrone (Schalen unbehandelt)
5 cl Bourbon Whiskey · 2 Eiswürfel
Zum Garnieren:
1 Cocktailkirsche · Sodawasser
Was Sie sonst noch brauchen:
1 Weißweinglas · Barlöffel

1. Den Zuckerwürfel ins Glas legen, mit dem Angostura-Bitter tränken und mit dem Löffel gut zerdrücken.
2. Die Orangen- und die Zitronenscheibe dazugeben.
3. Den Whiskey dazugießen, das Glas mit den Eiswürfeln auffüllen und alles gut verrühren.
4. Mit soviel Sodawasser auffüllen, wie Sie gerade mögen. Mit der Kirsche garnieren.

Rusty Nail

Zutaten für 1 Drink:
4 Eiswürfel · 4 cl Scotch
2 cl Drambuie (Whiskey-Likör)
Was Sie sonst noch brauchen:
1 Whiskeyglas · Barlöffel

1. Die Eiswürfel in das Whiskeyglas füllen.
2. Den Scotch und den Drambuie über die Eiswürfel gießen und die Zutaten kurz verrühren – fertig!

Bild oben: links Screwdriver, rechts Very Dry Martini.
Bild unten, von links nach rechts: Manhattan, Rusty Nail, Old Fashioned.

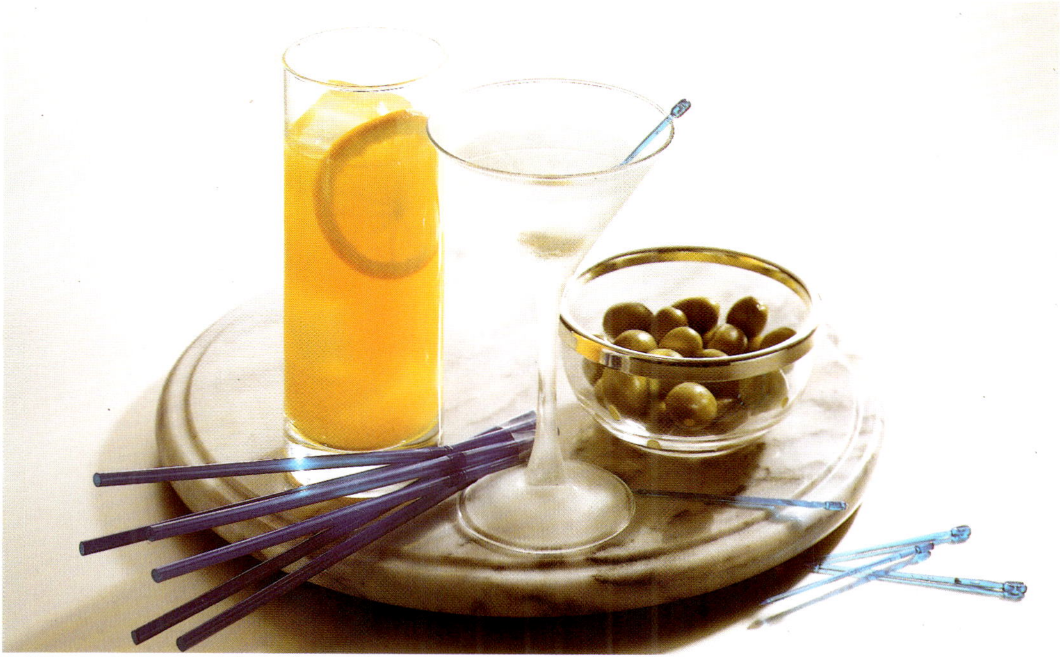

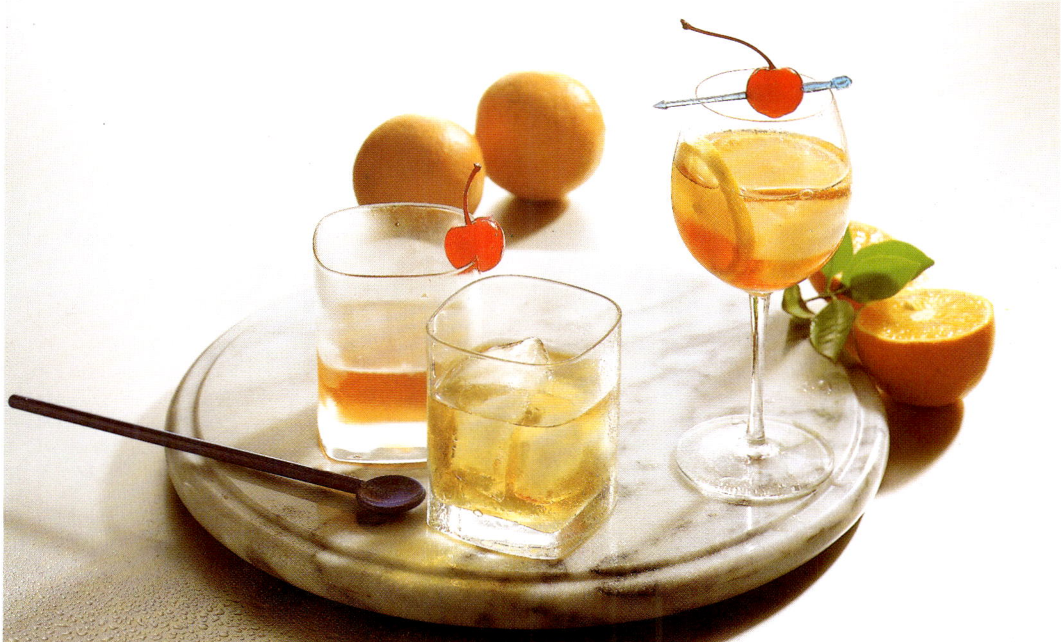

Sours

Die Zitrone gibt dem Sour (sprich: »Sauer«) seinen Namen zu Recht. Sie galten früher als ausgesprochene Herren-Drinks – aber inzwischen hat sich auch bei den Damen herumgesprochen, wie erfrischend diese Muntermacher an einem heißen Sommertag oder im Laufe einer langen – und hoffentlich anregenden – Nacht sein können.

Sekt Sour

Zwei Erfrischungen auf einmal: prickelnder Sekt und saurer Zitronensaft.

Zutaten für 1 Drink:
1 Zuckerwürfel · 2 cl Zitronensaft
eiskalter Sekt
Zum Garnieren:
1 Orangenscheibe (Schale unbehandelt)
Was Sie sonst noch brauchen:
1 Sektkelch

1. Den Würfelzucker in das Sektglas geben und mit dem Zitronensaft übergießen.
2. Das Glas mit Sekt auffüllen und mit der Orangenscheibe garnieren.

Himbeer Sour

Ein fruchtig-erfrischender Genuß.

Zutaten für 1 Drink:
4 Eiswürfel
4 cl Himbeerwasser oder -geist
1 cl Maraschinolikör
2 cl Zitronensaft
Zum Garnieren:
2 Cocktailkirschen
1 eingelegte Mandarinenspalte
Was Sie sonst noch brauchen:
1 Weißweinglas · Shaker
Barsieb (Strainer) · 1 Zahnstocher

1. Das Eis in den Shaker geben. Das Himbeerwasser, den Maraschinolikör und den Zitronensaft darüber gießen und das Ganze etwa 10 Sekunden lang schütteln.
2. Die Mischung durch den Strainer in das Weinglas geben. Die beiden Kirschen und die Mandarinenspalte auf dem Zahnstocher aufspießen und über den Glasrand legen.

Amaretto Sour

Ein »süßer« Sour – braucht keinen Zucker: Der Amaretto ist süß genug.

Zutaten für 1 Drink:
4 Eiswürfel
4 cl Amaretto (Mandellikör)
2 cl Zitronensaft
Zum Garnieren:
1 Orangenscheibe (Schale unbehandelt)
Was Sie sonst noch brauchen:
1 Weißweinglas · Shaker
Barsieb (Strainer)

1. Das Eis in den Shaker geben. Den Amaretto und den Zitronensaft über das Eis gießen. Den Shaker fest verschließen und etwa 10 Sekunden lang schütteln.
2. Die Mischung durch das Barsieb in das Weißweinglas gießen und den Amaretto-Sour mit der Orangenscheibe garnieren.

Whiskey Sour

Der Ur-Sour schlechthin.

Zutaten für 1 Drink:
4 cl Bourbon Whiskey oder Scotch Whiskey
2 cl Zitronensaft
1 cl Zuckersirup (Seite 17)
4 Eiswürfel
Zum Garnieren:
1 Cocktailkirsche
1 Zitronenscheibe (Schale unbehandelt)
Nach Belieben: 1 eingelegte Mandarinenspalte
Was Sie sonst noch brauchen:
1 Weißweinglas · Shaker
Barsieb (Strainer)

1. Den Whiskey, den Zitronensaft und den Zuckersirup mit den Eiswürfeln in den Shaker geben. Etwa 10 Sekunden kräftig schütteln.
2. Diese Mischung durch den Strainer in das Weißweinglas gießen. Den Whiskey Sour mit der Zitronenscheibe garnieren. Wer's gern farbiger möchte, dekoriert noch zusätzlich mit der Kirsche und der Mandarinenspalte.

Der Whiskey-Sour ist ein »Muß« für jeden angehenden Barkeeper. Ohne intime Kenntnis seiner Zubereitung kann man auf dem Parkett der hohen Kunst des Drinke-Mixens nicht bestehen.
Von links nach rechts: Himbeer Sour, Sekt Sour, Whiskey Sour, Amaretto Sour.

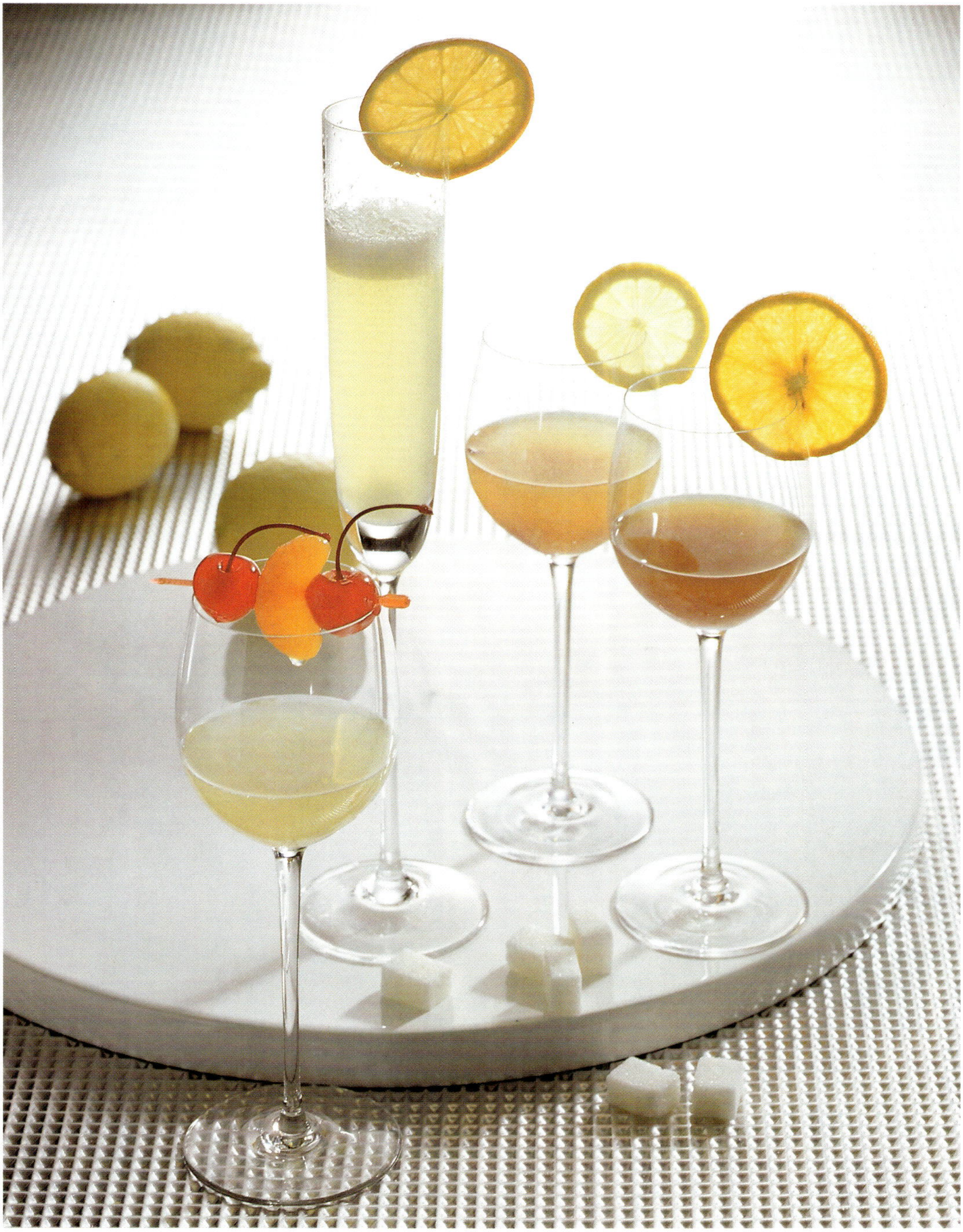

Klassische Aperitifs

Sie sind strenggenommen Bestandteil einer Mahlzeit und dienen dazu, den Magen vor einem guten Essen zu »öffnen«. Dazu zählen vor allem Drinks mit Weinen oder Likören, die Kräuter oder Bitterstoffe enthalten und die den Appetit anregen. Idealerweise sollten sie den Gaumen genauso frei machen für das, was danach kommt. Allzu süße »Apéros« verkleben nur die Geschmacksknospen.

Americano

Der Brite James Bond schätzte diese Kombination zweier ur-italienischer Spirituosen fast so sehr wie seinen geliebten Dry Martini.

Zutaten für 1 Drink:
2 Eiswürfel · 3 cl Campari bitter
3 cl Vermouth Rosso
Zum Garnieren:
1 Spirale Zitronenschale (unbehandelt)
Was Sie sonst noch brauchen:
1 Weißweinglas oder Whiskeyglas
Barlöffel

1. Die Eiswürfel ins Glas geben und mit dem Campari und dem Vermouth übergießen. Kurz umrühren.
2. Den Drink mit der Spirale Zitronenschale garnieren.

Variante:
Negroni

Durch Zugabe von 3 cl Gin erhalten Sie nicht nur einen um ein Drittel stärkeren Drink, sondern auch einen sogenannten »Negroni«.

Bamboo

Es muß nicht immer trockener Sherry vor dem Essen sein – und wenn, dann zur Abwechslung mal in dieser raffinierten Variante.

Zutaten für 1 Drink:
4 Eiswürfel · 3 cl trockener Sherry
3 cl trockener Vermouth
1 Spritzer Orangen-Bitter (Feinkosthandel)
Zum Garnieren:
1 Spirale Zitronenscheibe (unbehandelt)
Was Sie sonst noch brauchen:
1 gefrostetes Weißweinglas (Seite 18)
Rührglas · Barsieb (Strainer)

1. Die Eiswürfel ins Rührglas geben. Den Sherry, den Vermouth und einen Spritzer Orangen-Bitter dazugeben. Alle Zutaten kurz verrühren.
2. Den Inhalt des Rührglases durch das Barsieb ins gefrostete Weißweinglas gießen. Den Drink mit der Spirale Zitronenschale garnieren.

Bronx

Flexible können auch statt Gin holländischen Genever nehmen.

Zutaten für 1 Drink:
1 Orange (Schale unbehandelt)
4 Eiswürfel · 4 cl Gin
2 cl trockener Vermouth
2 cl Vermouth Rosso
Was Sie sonst noch brauchen:
1 gefrostetes Cocktailglas oder Sektschale (Seite 18)
Saftpresse · Shaker
Barsieb (Strainer)

1. Die Orange ausdrücken und den Saft beiseite stellen.
2. Die Eiswürfel in den Shaker geben. Den Gin, beide Vermouthsorten und den Orangensaft dazugießen. Den Shaker gut verschließen und etwa 20 Sekunden schütteln.
3. Den Inhalt des Shakers ins vorgekühlte Glas gießen. Den Drink mit einer Spirale aus Orangenschale garnieren.

Campari-Cocktail

Der klassische Bitter vor dem Essen in einer neuen, interessanten Kombination.

Zutaten für 1 Drink:
6 Eiswürfel · 3 cl Campari
2 cl Wodka
1 Spritzer Angostura-Bitter
Zum Garnieren:
1 Zitronenscheibe (Schale unbehandelt)
Was Sie sonst noch brauchen:
1 Weißweinglas · Rührglas
Barlöffel

1. Die Eiswürfel ins Rührglas geben. Den Campari, den Wodka und einen Spritzer Angostura-Bitter dazugeben und alles mit dem Barlöffel verrühren.
2. Den Campari-Cocktail durch den Strainer ins Glas gießen, mit der Zitronenscheibe garnieren und servieren.

Von links nach rechts: Americano, Bronx, Campari-Cocktail, Bamboo.

Klassische Digestifs

Digestifs sollen uns helfen, die Folgen unserer eigenen Unvernunft bei Tisch schneller zu überwinden. Die verdauungsfördernde Wirkung beruht entweder auf Kräutern oder schlicht auf dem Alkoholgehalt, der angeblich die Magenwände stimuliert. Sei's drum – die Ausrede allein ist Gold wert: »Ich brauche nach dem Essen einfach einen richtigen Drink...«

Stinger

Etwas Süßes braucht der Mensch, vor allem nach einer gelungenen Mahlzeit.

Zutaten für 1 Drink:
3 Eiswürfel
4 cl Weinbrand oder Cognac
2 cl Crème de Menthe, weiß
Was Sie sonst noch brauchen:
1 gefrostetes Cocktailglas (Seite 18)
Shaker · Barsieb (Strainer)

1. Die Eiswürfel, den Weinbrand und die Crème de Menthe in den Shaker geben und 15–20 Sekunden schütteln.
2. Den Inhalt des Shakers durch das Barsieb ins gefrostete Glas gießen und den Drink servieren.

Between the Sheets

Nicht so voreilig: Bevor es abgeht ins Körbchen, will dieser erfrischend-saure Cocktail ausgetrunken sein.

Zutaten für 1 Drink:
4 Eiswürfel
2 cl Weinbrand oder Cognac
2 cl brauner Rum
2 cl Curaçao Triple sec
1/4 Zitrone
Was Sie sonst noch brauchen:
1 gefrostetes Cocktailglas oder -schale (Seite 18)
Shaker · Barsieb (Strainer)

1. Die Eiswürfel in den Shaker geben. Den Weinbrand, den Rum und den Triple sec dazugeben. Die Zitrone über dem Shaker ausdrücken.
2. Den Inhalt des Shakers etwa 20 Sekunden lang kräftig schütteln und durch das Barsieb ins gefrostete Glas gießen. Den Digestif servieren.

Drachentöter

Augen zu und runter damit – dann geht es Ihnen nach einem zu üppigen Essen garantiert bald wieder besser.

Zutaten für 1 Drink:
2 cl Fernet Branca
2 cl Vermouth Rosso
2 cl Pfefferminzlikör
2 Eiswürfel (nach Belieben)
Zum Garnieren:
1 Zitronenscheibe (Schale unbehandelt)
Was Sie sonst noch brauchen:
1 Weißweinglas · Rührglas
Barlöffel · Barsieb (Strainer)

1. Den Fernet Branca, den Vermouth und den Pfefferminzlikör mit oder ohne Eiswürfel in das Rührglas geben und kurz umrühren.
2. Den Inhalt des Rührglases durch das Barsieb in das Weißweinglas gießen und den »Drachentöter« mit der Zitronenscheibe garnieren.

Alexander

Sieht harmlos aus wie Cafécreme – hat es aber ganz schön in sich.

Zutaten für 1 Drink:
5 zerstoßene Eiswürfel (Seite 19)
3 cl Weinbrand oder Cognac
3 cl Crème de Cacao, braun
3 cl Sahne
Zum Garnieren:
frisch geriebene Muskatnuß
Was Sie sonst noch brauchen:
1 gefrostetes Cocktailglas (Seite 18)
Shaker · Barsieb (Strainer)

1. Die zerstoßenen Eiswürfel in den Shaker geben.
2. Den Weinbrand, die Crème de Cacao und die Sahne in den Shaker gießen und etwa 20 Sekunden oder länger kräftig schütteln.
3. Den Inhalt des Shakers durch das Barsieb ins gefrostete Glas gießen und zum Schluß mit frischgeriebener Muskatnuß bestreuen. Wer's ganz eisig mag, kippt etwas von dem zerstoßenen Eis mit ins Glas.

Der Drink namens »Drachentöter« könnte wirklich Drachen töten – weil sie nicht an Alkoholisches gewöhnt sind. Da Sie als Mensch mit Spirituosen besser vertraut sind, gehen Sie bei dieser Mischung höchstens ein bißchen in die Knie!
Bild oben: links Drachentöter, rechts Alexander.
Bild unten: links Stinger, rechts Between the Sheets.

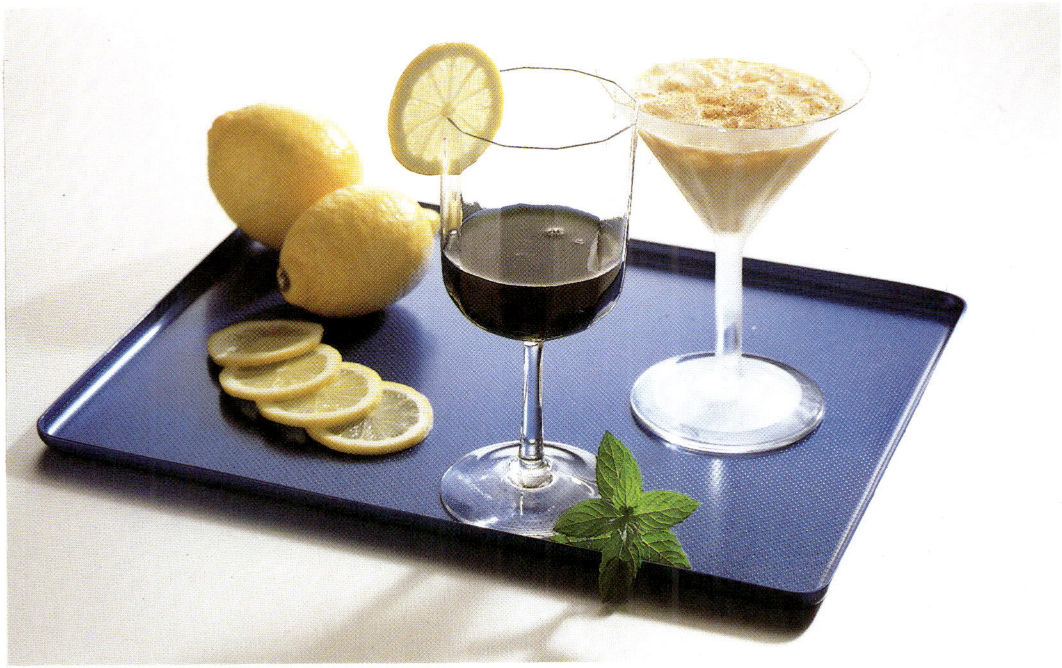

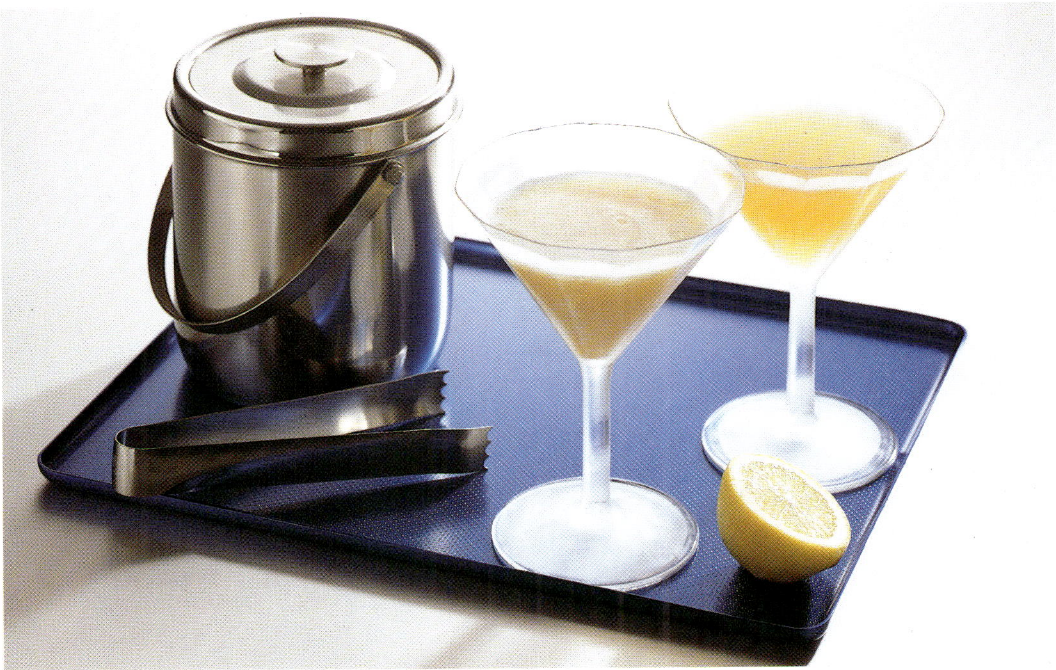

Karibische Träume

– mit einem Schuß von Rum und vielen bunten Früchten erinnern sie sofort an Urlaub unter Palmen. Da kann es draußen notfalls sogar stürmen oder schneien. Diese drei Rezepte gehören zu den beliebtesten Standard-Drinks nicht nur in der Karibik.

Piña Colada

Kokosmark (Cream of Coconut) gibt es auch bei uns in Dosen zu kaufen. Wenn nicht: Batida de Coco tut's auch.

Zutaten für 1 Drink:
3 zerstoßene Eiswürfel (Seite 19)
6 cl brauner Rum · 6 cl Ananassaft
2 cl Cream of Coconut (Feinkosthandel) oder Batida de Coco
3 Eiswürfel
Zum Garnieren:
1 Stange frische Ananas, etwa 10 cm lang und 2–3 cm dick
1 Cocktailkirsche
Was Sie sonst noch brauchen:
1 hohes Glas · Shaker
Barsieb (Strainer) · 1 Strohhalm

1. Die zerstoßenen Eiswürfel ins Glas füllen.
2. Den Rum, den Ananassaft und das Kokosmark mit den ganzen Eiswürfeln im Shaker etwa 30 Sekunden kräftig schütteln.

3. Den Inhalt des Shakers durch das Barsieb über das zerstoßene Eis ins Glas gießen. Mit der Ananasstange und der Kirsche garnieren und mit dem Strohhalm servieren.

Mai Tai

Schmeckt verteufelt gut, ist aber nicht so unschuldig, wie er tut.

Zutaten für 1 Drink:
1 Zitrone
6 zerstoßene Eiswürfel (Seite 19)
2 cl Strohrum (70%)
6 cl weißer oder brauner Rum
4 cl Rose's Lime Juice (Feinkosthandel)
3 Eiswürfel
Zum Garnieren:
frische Minzeblätter
Was Sie sonst noch brauchen:
1 hohes Glas · Shaker
Barsieb (Strainer) · Saftpresse
1 Strohhalm

1. Die Zitrone auspressen.
2. Das Glas mit zerstoßenem Eis füllen und kurz in den Kühlschrank stellen.
3. Den Rum, den Rose's Lime Juice, den Zitronensaft und die Eiswürfel in den Shaker geben und etwa 30 Sekunden lang kräftig schütteln.
4. Den Inhalt des Shakers durch das Barsieb ins Glas gießen. Den Drink mit Minzeblättern garnieren und mit dem Strohhalm servieren.

Planter's Punch Royal

Der Drink der reichen Plantagenbesitzer ist heute in jeder Bar zu Hause.

Zutaten für 1 Drink:
1/2 Orange · 1/2 Zitrone
1 Limone · 1 Eßl. Ananassaft
6 cl weißer Rum · 3 cl brauner Rum
6 Eiswürfel
Zum Garnieren:
1 Cocktailkirsche
je 1 Scheibe Zitrone, Limone und Orange (Schalen unbehandelt)
frische Minzeblätter
Was Sie sonst noch brauchen:
1 hohes gefrostetes Glas (Seite 18)
Shaker · Barsieb (Strainer)
Saftpresse · 1 Strohhalm

1. Die frischen Früchte auspressen.
2. Die frischen Fruchtsäfte mit dem Ananassaft, dem weißen und dem braunen Rum und 3 Eiswürfeln in den Shaker geben und etwa 30 Sekunden lang kräftig schütteln.
3. Die restlichen 3 Eiswürfel ins gefrostete Glas geben und den Inhalt des Shakers dazugießen.
4. Den Drink mit der Kirsche, den Zitrusfrüchtescheiben und den Minzeblättern garnieren. Mit dem Strohhalm servieren.

Von links nach rechts: Planter's Punch Royal, Mai Tai, Piña Colada.

Slings und Toddies

Wer lange genug an der »Long Bar« des Raffles Hotel in Singapur stehenblieb, konnte laut Somerset Maugham irgendwann jedem Weißen östlich von Suez begegnen. Und wenn sie sich gefunden hatten? Bestellten sie zuerst mal einen »Singapore Sling«!

Singapore Sling

Zutaten für 1 Drink:
1/2 Limone · 6 Eiswürfel · 5 cl Gin
2 cl Cherry Brandy
1 Teel. Grenadinesirup · Sodawasser

Zum Garnieren:
1 Scheibe Limone (unbehandelt)
1 Cocktailkirsche

Was Sie sonst noch brauchen:
1 hohes Glas · Shaker · Barsieb
(Strainer) · Saftpresse · 1 Strohhalm

1. Den Saft der halben Limone in den Shaker gießen.
2. 3 Eiswürfel in den Shaker geben und den Gin, den Cherry Brandy und den Grenadinesirup hineingießen. 15 Sekunden lang schütteln.
3. Die restlichen Eiswürfel ins Glas geben und den Inhalt des Shakers durch das Barsieb dazugießen. Mit Sodawasser auffüllen. Mit der Kirsche, der Limonenscheibe und dem Strohhalm servieren.

Southern Sling

Zutaten für 1 Drink:
1/2 Zitrone · 6 cl Jack Daniel's
Tennessee Whiskey · 1 Teel. Puder-
zucker · 1 Teel. Grenadinesirup
4 zerstoßene Eiswürfel (Seite 19)
Sodawasser

Zum Garnieren:
je 1 Orangen- und Zitronenscheibe
(Schalen unbehandelt)
1 Cocktailkirsche

Was Sie sonst noch brauchen:
1 hohes Glas · Shaker
Barsieb (Strainer) · Saftpresse
1 Strohhalm

1. Den Saft der halben Zitrone in den Shaker geben.
2. Den Whiskey, den Puderzucker und den Grenadinesirup dazugeben und 15–20 Sekunden lang kräftig schütteln.
3. Das Glas mit dem Eis füllen. Den Inhalt des Shakers darüber gießen. Mit Sodawasser auffüllen. Mit der Orangen-, der Zitronenscheibe und der Kirsche garnieren. Mit dem Strohhalm servieren.

Cold Rum Toddy

Toddies sind eigentlich eine Art würziger kalter und heißer Teepunsch.

Zutaten für 1 Drink:
1 Zitronenscheibe (unbehandelt)
2 Gewürznelken · 1 Prise Zimt
2 Zuckerwürfel
6 cm Orangenschale (unbehandelt)
6 cl kochendes Wasser
6 cl brauner Rum · 6 Eiswürfel
eiskaltes Sodawasser

Zum Garnieren:
1 Stück Zitronenschale, als Spirale
geschnitten (unbehandelt)

Was Sie sonst noch brauchen:
1 hitzefestes Teeglas · Barlöffel
Shaker · 1 Strohhalm

1. Die Zitronenscheibe mit den Gewürznelken und dem Zimt ins Teeglas geben. Den Zucker an der Orangenschale reiben. Mit dem kochenden Wasser ins Glas geben. Gut umrühren, die Zitronenscheibe mit dem Barlöffel etwas ausdrücken.
2. Den Rum dazugießen. Alles mit den Eiswürfeln in den Shaker geben und etwa 30 Sekunden lang schütteln.
3. Durch das Barsieb ins Teeglas gießen. Mit Sodawasser auffüllen. Mit der Zitronenschale und dem Strohhalm servieren.

Batavia Toddy

Zutaten für 1 Drink:
2 Teel. Puderzucker
1 Schuß Sodawasser
4 zerstoßene Eiswürfel (Seite 19)
4 cl holländischer Genever
2 cl Weinbrand · 1 Zitronenscheibe
kalter Schwarztee

Was Sie sonst noch brauchen:
1 hohes Glas · Barlöffel
1 Strohhalm

1. Den Puderzucker und einen Schuß Soda ins Glas geben. Rühren, bis sich der Zucker aufgelöst hat. Das Glas mit dem Eis füllen. Den Genever und den Weinbrand dazugießen. Gut umrühren!
2. Die Zitronenscheibe ins Glas legen. Mit kaltem Tee auffüllen. Mit dem Strohhalm servieren.

Von links nach rechts: Singapore Sling, Batavia Toddy, Southern Sling, Cold Rum Toddy.

Mexiko-Drinks mit Tequila

Ganz egal, wo Sie wohnen, mit Tequila können Sie immer Ihre eigene »Fiesta mexicana« bestreiten, denn Drinks mit dieser Spirituose sind eine heiße Sache. Tequila wird aus einer Agavenart gewonnen, die rund um das mexikanische Städtchen Tequila wächst.

Tequila Sunrise
Die Sonne Mexikos im Glas!

Zutaten für 1 Drink:
6 cl Tequila · 1/4 l frisch gepreßter
Orangensaft · 3 ganze Eiswürfel
3 zerstoßene Eiswürfel (Seite 19)
2 cl Grenadinesirup
Zum Garnieren:
1 Orangenscheibe (Schale
unbehandelt)
Was Sie sonst noch brauchen:
1 hohes Glas · Rührglas · Barlöffel
Barsieb (Strainer) · 1 Strohhalm

1. Den Tequila mit dem Orangensaft und den ganzen Eiswürfeln ins Rührglas geben und verrühren.
2. Das hohe Glas mit zerstoßenem Eis füllen. Den Inhalt des Rührglases durch das Barsieb dazugießen. Den Grenadine vom Löffel ins Glas tropfen lassen. Abwarten, bis sich der Sirup am Boden gesammelt hat.
3. Den Grenadine mit dem Löffel kurz aufrühren. Der aufsteigende Sirup ergibt ein herrliches Farbenspiel, das an einen Sonnenaufgang erinnert. Mit der Orangenschale dekorieren und mit dem Strohhalm servieren.

Margarita

Zutaten für 1 Drink:
1/2 Zitrone · 1 Eßl. Salz
4 cl Tequila
2 cl Curaçao Triple sec
4 Eiswürfel

Was Sie sonst noch brauchen:
1 Weißweinglas · Shaker
Barsieb (Strainer) · Saftpresse
1 Teller

1. Die halbe Zitrone auspressen und den Saft in den Shaker gießen.
2. Das Salz auf dem Teller verteilen. Den Rand des Glases mit der ausgedrückten Zitrone abreiben. Den Rand des Glases im Salz drehen, bis sich eine dünne Salzkruste bildet.
3. Den Tequila und den Curaçao Triple sec zu dem Zitronensaft in den Shaker gießen, die Eiswürfel dazugeben und den Inhalt etwa 30 Sekunden lang kräftig schütteln.
4. Den Drink vorsichtig durch das Barsieb ins Glas gießen, ohne die Salzkruste zu beschädigen. Beim Trinken vermischt sich der Drink im Mund mit dem Salz zu einem einzigartigen Genuß.

Picador
Tequila mit Kaffeegeschmack – zwei Anregungen in einem!

Zutaten für 1 Drink:
4 zerstoßene Eiswürfel (Seite 19)
3 cl Tequila
2 cl Kahlúa (Kaffeelikör)
1 Teel. Zitronensaft
Was Sie sonst noch brauchen:
1 Whiskeyglas · Rührglas · Barlöffel
Saftpresse · Barsieb (Strainer)

1. Das Rührglas mit zerstoßenem Eis füllen. Den Tequila und den Kahlúa dazugießen und den Inhalt vorsichtig mit dem Barlöffel umrühren.
2. Den Zitronensaft in das Whiskeyglas geben. Den Inhalt des Rührglases durch das Barsieb dazugießen. Einmal kurz umrühren und servieren.

Mexicana
Eine Mischung aus mexikanischem Flair und karibischem Charme.

Zutaten für 1 Drink:
1/2 Zitrone · 4 Eiswürfel
4 cl Tequila · 1 Eßl. Ananassaft
1 Teel. Grenadinesirup
Zum Garnieren:
1 Zitronenscheibe (Schale
unbehandelt) · 1 Cocktailkirsche
Was Sie sonst noch brauchen:
1 Weißweinglas · Shaker
Barsieb (Strainer) · Saftpresse

1. Die halbe Zitrone auspressen und den Saft in den Shaker gießen.
2. Die Eiswürfel in den Shaker geben und den Tequila, den Ananassaft und den Grenadine dazugießen. Etwa 30 Sekunden lang gut durchschütteln.
3. Den Drink durch das Barsieb ins Glas gießen. Den Drink mit der Zitronenscheibe und der Kirsche garnieren und servieren.

Von links nach rechts: Tequila Sunrise, Picador, Margarita, Mexicana.

Champagner: Edel ist in!

Champagner ist eines der nobelsten Getränke überhaupt und bedarf im Grunde keiner Verfeinerung. Gerade deshalb setzten die Barkeeper ihren Ehrgeiz daran, sozusagen noch mal eins draufzugeben. Eine Bitte: Wenn Sie schon mit echtem Champagner mixen, dann gehen Sie bitte behutsam ans Werk, damit der unvergleichliche Geschmack nicht leidet.

Champagner-Cocktail

Die bittersüße Note kommt besser zur Geltung, je trockener der Champagner ist.

Zutaten für 1 Drink:
1 Zuckerwürfel
1 Stück Zitronenschale (unbehandelt)
einige Tropfen Angostura-Bitter
eiskalter Champagner
Was Sie sonst noch brauchen:
1 Sektkelch oder -schale

1. Den Zuckerwürfel an der Zitronenschale abreiben (um die flüchtigen Aromastoffe der Schale einzufangen) und ins Glas legen. Mit einigen Tropfen Angostura-Bitter tränken.
2. Das Glas mit Champagner aufgießen und servieren.

Champagner Flip

Mit Eigelb wird dieser erfrischende Longdrink ein echter Muntermacher.

Zutaten für 1 Drink:
1 Ei
2 cl Weinbrand oder Cognac
2 cl Cointreau
eiskalter Champagner
Nach Gusto zum Garnieren:
frischgeriebene Muskatnuß
Was Sie sonst noch brauchen:
1 Sektkelch · Shaker · 1 Strohhalm

1. Das Ei an einem Gefäßrand aufschlagen und das Eigelb über dem Gefäß zwischen den Schalenhälften hin- und hergleiten lassen, dabei das Eiweiß ins Gefäß abfließen lassen. Das Eiweiß anderweitig verwenden. Das Ei in den Shaker geben.
2. Den Weinbrand und den Cointreau zum Eigelb gießen. Den Shaker fest verschließen und etwa 20 Sekunden lang kräftig schütteln.
3. Den Inhalt des Shakers ins Glas gießen und mit Champagner aufgießen.
4. Den Champagner Flip nach Gusto mit frischgeriebener Muskatnuß bestreuen und mit dem Strohhalm servieren.

Peppermint Dream

Für frische Minze (beim Feinkosthändler oder in gut sortierten Obst- und Gemüsegeschäften zu bekommen, eventuell vorbestellen) gibt es keinen Ersatz. Deshalb bleibt diese herrliche Erfrischung leider für die Sommermonate reserviert.

Zutaten für 1 Drink:
1/2 Zitrone · 4 cl Pfefferminzlikör
eiskalter Champagner
Zum Garnieren:
frische Minzeblätter
Was Sie sonst noch brauchen:
1 Sektkelch · Barlöffel · Saftpresse

1. Die halbe Zitrone ausdrücken und den Saft mit dem Pfefferminzlikör ins Sektglas gießen und verrühren.
2. Das Glas mit Champagner aufgießen.
3. Den Peppermint Dream mit Minzeblättern garnieren und sofort servieren.

Strawberry Fields

Am besten schmecken zu diesem Rezept frische Walderdbeeren.

Zutaten für 1 Drink:
ein paar Tropfen Cointreau
eiskalter Rosé-Champagner
1 Handvoll Erdbeeren
Was Sie sonst noch brauchen:
1 Sektkelch · 1 Teelöffel

1. Den Cointreau ins Sektglas tropfen lassen.
2. Das Glas mit dem Rosé-Champagner zu zwei Dritteln auffüllen.
3. Die Erdbeeren kurz waschen und kleinschneiden (Walderdbeeren sind meistens kleiner als normale und können unzerkleinert verwendet werden) und das Glas damit auffüllen.
4. Den Drink mit dem Teelöffel servieren, damit man die Erdbeeren »rausangeln« kann.

Champagnerdrinks haben es ganz schön in sich! Sie kommen so harmlos daher – ohne Zugabe von harten Spirituosen. Aber sie gehen besonders schnell ins Blut über – und verursachen den süßen Nebel im Kopf. Also: Vorsicht!
Von links nach rechts: Champagner-Cocktail, Strawberry Fields, Peppermint Dream, Champagner Flip.

Fancy Drinks

sind für den Barmann (oder die Barfrau) wie die Kür für den Eiskunstläufer: die Gelegenheit zu zeigen, was er kann. Sie sind erklärtermaßen auf Effekt aus und lassen der Phantasie sowohl bei der Wahl der Zutaten wie auch in der Namensgebung freien Lauf. Jeder gute Barkeeper verwendet viel Freizeit darauf, neue »Fancies« zu erfinden.

Swimming-Pool

Ein raffinierter Drink, wie er für den Münchner Bar-Star Charles Schumann (»Schumann's«) typisch ist.

Zutaten für 1 Drink:
6 Eiswürfel
4 cl weißer Rum
2 cl Wodka
2 cl Cream of Coconut (Feinkosthandel)
1 cl süße Sahne
4 cl Ananassaft
1 cl Blue Curaçao
Zum Garnieren:
1 Ananasscheibe
1 Cocktailkirsche
Was Sie sonst noch brauchen:
1 hohes Glas · Shaker
Barsieb (Strainer) · 1 Strohhalm

1. 4 Eiswürfel zerstoßen (Seite 18) und das hohe Glas damit randvoll füllen.

2. Den Rum, den Wodka, die Cream of Coconut, die Sahne und den Ananassaft mit den 2 restlichen Eiswürfeln im Shaker etwa 20 Sekunden lang schütteln. Den Inhalt des Shakers durch das Barsieb in das Glas mit dem zerstoßenen Eis gießen.

3. Zum Schluß den Blue Curaçao vorsichtig über den Drink fließen lassen.

4. Den »Swimming-Pool« mit der geschälten Ananasscheibe und der Kirsche garnieren und mit dem Strohhalm servieren.

Regenbogen-Cocktail

Bei dieser kunstvollen Cocktail-Kreation von Bill Deck (Harry's New York Bar, München) trinkt das Auge mit.

Tip:

Damit Sie's leichter haben, zeigen wir hier vertikale Regenbogenstreifen. Wenn Sie sich ganz »stark« als Mixer fühlen, können Sie die richtigen »Profistreifen« horizontal am Glasrand übereinanderlaufen lassen. Das ergibt dann bunte »Eiszapfen« oder »Stalagtiten«.

Zutaten für 1 Drink:
3 Orangen (1 mit unbehandelter Schale)
1/2 Zitrone · 4 Eiswürfel
4 cl Wodka · 2 cl Sahne
1 cl Blue Curaçao
1 cl Grenadinesirup
Zum Garnieren:
1 Cocktailkirsche
Was Sie sonst noch brauchen:
1 hohes Glas · Saftpresse
Shaker · Barsieb (Strainer)
Barlöffel · 1 Zahnstocher
1 Strohhalm

1. Die Orangen halbieren und 1 Scheibe von der unbehandelten Orange für die Garnitur abschneiden. Die Orangen und die halbe Zitrone auspressen.

2. Die Eiswürfel, die ausgepreßten Fruchtsäfte, den Wodka und die Sahne in den Shaker geben, 10–15 Sekunden lang schütteln und dann durch das Sieb in das hohe Glas gießen.

3. Abwechselnd Curaçao und Grenadine vom Rücken des Barlöffels am inneren Glasrand heruntertropfen lassen, damit sich »Regenbogenstreifen« bilden (am besten vorher ein paarmal üben). Das Glas jetzt nicht mehr hastig bewegen, damit der Effekt erhalten bleibt.

4. Die Orangenscheibe und die Kirsche auf den Zahnstocher aufspießen, das Glas damit garnieren und mit dem Strohhalm servieren.

Modedrinks aus New York

Wenn sich der Zeitgeist im Glas offenbart, dann sind schrille Zeiten angesagt. Direkt aus den Trendkneipen von New York stammen diese ausgeflippten Mode-Drinks, deren Kombinationen manchem gestandenen Mixer die Haare zu Berge stehen lassen. Aber das ist ja auch der halbe Spaß...

Kamikaze Royal

Nur der Name ist gefährlich.

Zutaten für 1 Drink:
2 zerstoßene Eiswürfel (Seite 19)
6 cl Wodka
2 cl Cointreau (Bitterorangenlikör)
2 Eßl. Rose's Lime Juice
trockener Sekt
Was Sie sonst noch brauchen:
1 Sektkelch · Barlöffel

1. Das zerstoßene Eis ins Sektglas füllen.
2. Den Wodka, den Cointreau und den Rose's Lime Juice dazugießen.
3. Mit trockenem Sekt auffüllen und den Inhalt nur sehr kurz verrühren, damit die Kohlensäure sich nicht verflüchtigt.

Grand Slam

Ob Steffi Graf den schon probiert hat?

Zutaten für 1 Drink:
1/2 Zitrone · 4 Eiswürfel · 2 cl Gin
2 cl Wodka · 2 cl Tequila
2 cl weißer Rum
2 cl Curaçao Triple sec
2 cl Pfirsichlikör · Cola
Zum Garnieren:
je 1 Orangen- und Zitronenscheibe (Schalen unbehandelt)
Was Sie sonst noch brauchen:
1 hohes Glas · Barlöffel
Saftpresse · 1 Strohhalm

1. Die halbe Zitrone auspressen und den Saft ins Glas gießen.
2. Die Eiswürfel, den Gin, den Wodka, den Tequila, den weißen Rum, den Curaçao Triple sec und den Pfirsichlikör dazugießen und mit dem Barlöffel umrühren.
3. Das Glas mit Cola auffüllen und noch einmal kurz umrühren. Mit der Orangen- und Zitronenscheibe garnieren und mit dem Strohhalm servieren.

Total abgewrackt

Ob vorher oder nachher? Man wird ja sehen.

Zutaten für 1 Drink:
4 Eiswürfel
etwa 1/4 l Grapefruitsaft (gekühlt)
6 cl Wodka · 1/2 Zitrone
1 Teel. Grand Marnier (Orangen-Cognac-Likör)
Was Sie sonst noch brauchen:
1 hohes Glas · Saftpresse · Barlöffel

1. Das Eis ins Glas geben und zu zwei Dritteln mit Grapefruitsaft auffüllen.
2. Den Wodka zusammen mit dem ausgepreßten Zitronensaft ins Glas geben und umrühren.
3. Den Grand Marnier vorsichtig über den Rücken des Barlöffels auf die Oberfläche des Drinks träufeln, damit er oben liegenbleibt. Der Drink wird durch diese Likörschicht hindurch langsam geschlürft.

Bermuda-Dreieck

Wer hier was verloren hat, ist nicht bekannt.

Zutaten für 1 Drink:
1/2 Zitrone
4 zerstoßene Eiswürfel (Seite 19)
2 cl brauner Rum · 2 cl weißer Rum
4 cl Orangensaft
1 Teel. Grenadinesirup
1 Teel. 70%iger Strohrum
Was Sie sonst noch brauchen:
1 hohes Glas · 1 Saftpresse
Shaker · Barsieb (Strainer)

1. Die halbe Zitrone auspressen und den Saft in den Shaker geben.
2. Den Shaker mit dem zerstoßenen Eis füllen. Den braunen Rum, den weißen Rum, den Orangensaft und den Grenadinesirup mit in den Shaker gießen und etwa 30 Sekunden lang gut schütteln.
3. Den Inhalt durch das Barsieb ins Glas gießen. Den 70prozentigen Strohrum über den Rücken des Barlöffels auf die Oberfläche des Drinks tröpfeln lassen, damit er sich gleichmäßig auf der Oberfläche verteilt und möglichst »liegenbleibt«.

Wenn Sie mal ganz langweilige frustrierte Gäste haben, denen alles ganz »fad« ist, servieren Sie ihnen mal einen dieser intensiven Drinks. Mal sehen, was dann passiert? Von links nach rechts: Total abgewrackt, Grand Slam, Kamikaze Royal, Bermuda Dreieck.

Power Drinks mit Ei

Wer sagt denn, daß es immer mit Promille sein muß? Nicht nur, wer Auto fahren muß, wird Spaß an diesen witzigen Mixturen finden, die allesamt bekömmlich und gesund sind. Und aussehen wie richtige Cocktails tun sie auch…

Prairie Oyster

Ein Aufbau-Cocktail, der Sie am Morgen danach wunderbar wieder auf die Beine bringt.

Zutaten für 1 Drink:
1 Teel. Olivenöl · 1/2 Zitrone
2 Teel. Tomatenketchup
2 Teel. Worcestersauce
1 Ei · Salz, Pfeffer · Tabascosauce
Was Sie sonst noch brauchen:
1 Weißweinglas · Barlöffel
Saftpresse

1. Das Glas mit dem Öl ausschwenken. Überschüssiges Öl abgießen.
2. Die halbe Zitrone auspressen und den Saft ins Glas gießen.
3. Den Tomatenketchup und die Worcestersauce dazu ins Glas geben und alles kurz mit dem Barlöffel verrühren.
4. Das Ei trennen (siehe Tennis Flip, Rezept auf dieser Seite). Das Eigelb vorsichtig zu den übrigen Zutaten ins Glas geben, ohne daß es platzt.

5. Die Prairie Oyster mit Salz und Pfeffer würzen und soviel Tabascosauce dazugeben, wie Sie gerade noch aushalten. Als Faustregel gilt: Je schwerer der Kopf, desto mehr Tabasco.

Tennis Flip

Bringt verbrauchte Energie mit einem Schluck zurück.

Zutaten für 1 Drink:
1 Ei · 1 Grapefruit · 1 Orange
1 Zitrone · 6 cl Ananassaft
1 Eßl. Passionsfrüchtesirup (Feinkosthandel)
6 Eiswürfel
Zum Garnieren:
je 1 Orange- und Zitronenscheibe (Schalen unbehandelt)
je 1 Stück Ananas und Mango
Was Sie sonst noch brauchen:
1 hohes Glas · Shaker
Barsieb (Strainer) · Saftpresse
1 Strohhalm

1. Das Ei trennen. Dazu das Ei an einem Gefäßrand aufschlagen und das Eigelb über dem Gefäß zwischen den Schalenhälften hin- und hergleiten lassen, bis das Eiweiß ins Gefäß abgeflossen ist. Das Eigelb in den Shaker geben (das Eiweiß anderweitig verarbeiten).
2. Die Grapefruit, die Orange und die Zitrone auspressen und die frischen Säfte zusammen mit dem Ananassaft, dem Passionsfruchtsirup und den Eiswürfeln in den Shaker geben. Alles etwa

30 Sekunden lang kräftig durcheinanderschütteln.
3. Den Drink durch das Barsieb ins Glas gießen. Mit den frischen Früchten garnieren.

Pussyfoot Cocktail

Ein Cocktail-Klassiker aus Amerika, der auch als »Prohibitions-Cocktail« Geschichte machte.

Zutaten für 1 Drink:
1 Ei · 1 Zitrone · 1 Orange
4 Eiswürfel · 1 Eßl. Grenadinesirup
4 cl Ananassaft
Zum Garnieren:
1 Zitronenscheibe (Schale unbehandelt)
Was Sie sonst noch brauchen:
1 hohes Glas · Shaker
Barsieb (Strainer) · Saftpresse
1 Strohhalm

1. Das Ei trennen. Dazu das Ei an einem Gefäßrand aufschlagen und das Eigelb über dem Gefäß zwischen den Schalenhälften hin- und hergleiten lassen, bis das Eiweiß ins Gefäß abgeflossen ist. Das Eigelb in den Shaker geben (das Eiweiß anderweitig verwenden).
2. Die Zitrone und die Orange auspressen und die Säfte in den Shaker gießen.
3. Die Eiswürfel, den Grenadinesirup und den Ananassaft in den Shaker geben und etwa 30 Sekunden durchschütteln.
4. Den Drink durch das Barsieb ins Glas gießen und mit der Zitronenscheibe garnieren. Mit dem Strohhalm servieren.

Von links nach rechts: Tennis Flip, Pussyfoot Cocktail, Prairie Oyster.

Die Milch macht's

Sportler-Drinks sind ganz auf Kraft, Gesundheit und Energie abgestimmt. Die Milch ist die ideale Basis dafür. Achten Sie aber bitte darauf, daß Cocktails mit Milch möglichst frisch zubereitet und sofort serviert werden sollten, weil sie sonst unansehnlich werden.

Banana Flip

Die traditionelle »Bananamilk« wird hier mit einem Eigelb und Eis zum »Flip« aufgepeppt.

Zutaten für 1 Drink:
1 Ei · 1 kleine Banane
18 cl eiskalte Milch
1 Kugel Sahne- oder Vanilleeis
2 Teel. Honig
Zum Garnieren:
Bananenscheiben, Ananasstückchen
und 2 Cocktailkirschen
Was Sie sonst noch brauchen:
1 hohes Glas · elektrischen Mixer
Cocktailspieß

1. Das Ei trennen (siehe Champagner Flip Seite 50). Das Eigelb (Eiweiß anderweitig verwenden) mit den anderen Zutaten in den Mixer geben.
2. Alles kurz gut durchmixen und in das Glas füllen.
3. Bananenscheiben, Ananasstücke und die Kirschen auf den Cocktailspieß stecken. Den Drink damit dekorieren.

Cassis au lait

Ein alkoholfreier Kir mit Milch.

Zutaten für 1 Drink:
1 Becher Naturjoghurt (200 g), gut gekühlt · 1/2 Grapefruit
1 cl Cassis alkoholfrei
(Schwarzer-Johannisbeer-Sirup)
1/8 l kalte Milch
Zum Garnieren:
frischgeriebene Muskatnuß

Was Sie sonst noch brauchen:
1 hohes Glas · Shaker
Barsieb (Strainer) · Barlöffel
Saftpresse · 1 Strohhalm

1. Den Joghurt in den Shaker geben. Die halbe Grapefruit auspressen und den Saft ebenfalls in den Shaker gießen.
2. Den Cassis und die Milch dazugeben und alles etwa 20 Sekunden lang schütteln.
3. Den Drink in das Glas gießen und frischgeriebene Muskatnuß darüber streuen. Mit dem Strohhalm servieren.

Orange Flip

Ein sahnig-fruchtiges Vergnügen.

Zutaten für 1 Drink:
2 Orangen · 4 Eiswürfel
4 cl Ananassaft · 2 cl Mangosirup
2 cl Sahne · 8 cl kalte Milch
Zum Garnieren:
1 Cocktailkirsche
1 Stange Ananas, etwa 15 cm lang, 2–3 cm breit
Was Sie sonst noch brauchen:
1 hohes Glas · Shaker
Barsieb (Strainer) · Saftpresse
1 Strohhalm · 1 Zahnstocher

1. Die Orangen auspressen und den Saft in den Shaker gießen.
2. Die Eiswürfel, den Ananassaft, den Mangosirup, die Sahne und die Milch dazugeben.

Alles etwa 30 Sekunden lang gut schütteln (oder im elektrischen Mixer durchmixen).
3. Durch das Sieb ins Glas gießen. Die Cocktailkirsche auf den Zahnstocher stecken und so auf die Ananas spießen. Den Orange Flip damit garnieren. Mit dem Strohhalm servieren.

Waikiki

Am Strand liegen, den Wind durch die Kokospalmen rauschen hören und einen Schluck aus einem kühlen Glas nehmen…

Zutaten für 1 Drink:
1 Orange · 4 Eiswürfel
3 cl Cream of Coconut oder
Batida de Coco
2 cl Ananassaft · 3 cl Sahne
Zum Garnieren: Kokosraspel
Was Sie sonst noch brauchen:
1 hohes Glas · Shaker
Barsieb (Strainer) · Saftpresse
1 Strohhalm

1. Die Orange auspressen und den Saft in den Shaker gießen.
2. Die Eiswürfel dazugeben. Die Cream of Coconut, den Ananassaft und die Sahne in den Shaker gießen und alles etwa 20 Sekunden lang schütteln.
3. Den Drink durch das Barsieb ins Glas gießen und mit Kokosraspeln garnieren. Sofort mit dem Strohhalm servieren, solange der Schaum noch nicht zusammengefallen ist.

Hinten, von links nach rechts: Banana Flip, Waikiki, Orange Flip; vorne: Cassis au lait.

Drinks mit Kaffee

sind echte Muntermacher und können jede Party beleben. Eine Bitte nur: Glauben Sie nicht, daß Sie damit Ihre Fahrtüchtigkeit wiederherstellen können, wenn Sie zuvor zuviel Alkohol getrunken haben. Kaffee putscht zwar auf, macht aber nicht nüchtern.

Brown Beauty

Eine eigenwillige Schönheit mit einem exotischen Einschlag.

Zutaten für 1 Drink:
4 cl Amaretto (Mandellikör)
1 Tasse starker heißer Kaffee
1 Kugel Mokkaeis
Zum Garnieren:
frischgemahlene Korianderkörner
Was Sie sonst noch brauchen:
1 hitzefestes Glas · Barlöffel
1 Teelöffel

1. Den Amaretto ins Glas gießen und den starken Kaffee dazufließen lassen. Beides gut durchrühren.
2. Die Kugel Mokkaeis ins Glas geben.
3. Die Brown Beauty mit frischgemahlenem Koriander bestreuen. Den Drink mit dem Löffel schnell servieren, bevor das Eis schmilzt.

Café Cordial

Ein stimmungsvoller Abschluß für ein gutes Essen.

Zutaten für 1 Drink:
4 Eiswürfel · 3 cl Weinbrand
3 cl Crème de Cacao
3 cl starker Kaffee
1 Teel. Vanillinzucker
Zum Garnieren:
1 Stück Zitronenschale
(unbehandelt)
Was Sie sonst noch brauchen:
1 Weißweinglas · Shaker
Barsieb (Strainer)

1. Die Eiswürfel in den Shaker geben.
2. Den Weinbrand, die Crème de Cacao und den Kaffee in den Shaker gießen. Den Vanillinzucker dazugeben und alles etwa 20 Sekunden kräftig schütteln.
3. Das Ganze durch das Barsieb ins Glas gießen. Die Zitronenschale solange knicken oder wie ein Handtuch »auswringen«, bis ein Tropfen Schalenöl ins Glas tropft. Die Schale ins Glas geben und den Café Cordial servieren.

Irish Coffee

hat immer Saison! Heißen Kaffee durch eine kühle Sahneschicht schlürfen – was könnte schöner sein?

Zutaten für 1 Drink:
kochendheißes Wasser
1 Tasse starker heißer Kaffee
6 cl Irish Whiskey · Zucker
1 gehäufter Eßl. halbsteifgeschlagene kalte Schlagsahne oder Doppelrahm (Feinkosthandel)
Was Sie sonst noch brauchen:
1 hitzefestes Tulpenglas mit Stiel (Irish-Coffee-Glas) oder Teeglas Barlöffel

1. Das Tulpenglas mit kochendheißem Wasser füllen, um es vorzuwärmen.
2. Nach etwa 30 Sekunden das Wasser abgießen. Das Glas zur Hälfte mit dem heißen starken Kaffee füllen.

3. Den Irish Whiskey und Zucker nach Geschmack dazugeben. Alles gut durchrühren.
4. Zum Schluß die Sahne vorsichtig auf die Oberfläche gleiten lassen. Den Irish Coffee durch diese Sahneschicht hindurch trinken.

Coffee Tonic

Eine ganz andere Art, Kaffee zu erleben: bittersüß!

Zutaten für 1 Drink:
4 Eiswürfel · etwa 1 Tasse starker Kaffee (abgekühlt)
4 cl Wodka
1 Teel. Zuckersirup (Seite 17)
Tonic Water
Zum Garnieren:
1 Zitronenscheibe (Schale unbehandelt)
Was Sie sonst noch brauchen:
1 hohes Glas · Barlöffel
1 Strohhalm

1. Die Eiswürfel in das Glas füllen und soviel Kaffee dazugießen, daß das Glas halbvoll ist.
2. Den Wodka und den Zuckersirup dazugeben (nach Belieben können Sie auch mehr Zuckersirup nehmen) und umrühren.
3. Das Glas mit Tonic Water auffüllen. Den Coffee Tonic mit der Zitronenscheibe garnieren und mit dem Strohhalm servieren.

Von links nach rechts: Irish Coffee, Brown Beauty, Coffee Tonic, Café Cordial.

Zum Gebrauch

Das Register besteht aus 2 Teilen. Im ersten Teil finden Sie alle Drinks in Kategorien eingeteilt. Im zweiten Teil stehen alle Rezepttitel und Sachbegriffe in alphabetischer Reihenfolge.

Die Kürzel hinter den Rezepttiteln und Seitenzahlen bedeuten:

AF = alkoholfrei
AP = Aperitif
CH = Champagnerdrinks
CO = Cocktails
DI = Digestifs
FA = Fancy Drinks
FI = Fizzes
HO = Hot Drinks
LO = Longdrinks
SO = Sours

IMPRESSUM

Umschlag-Vorderseite:
Das Bild zeigt von links nach rechts die Longdrinks »Oasis« (Rezept Seite 32), »Gin Smash« (Rezept Seite 34) und den Tropen-Drink »Tequila Sunrise« (Rezept Seite 48).

Wichtiger Hinweis

Trinken Sie keinen Alkohol, wenn Sie später noch Auto fahren müssen. Wenn Sie viel trinken, müssen Sie damit rechnen, daß Sie auch am nächsten Tag noch nicht fahrtüchtig sind, denn der Körper baut den Alkohol nur langsam ab. Für 1 Cocktail braucht die Leber etwa 2 – 41/2 Stunden. Wenn Sie dennoch trinken, nehmen Sie sich ein Taxi.
Schenken Sie keinerlei Alkohol an Kinder und Jugendliche aus. Denken Sie daran: Größere Mengen Alkohol sind Gift! Deshalb: Immer in Maßen genießen

CIP-Kurztitelaufnahme der Deutschen Bibliothek
Cole, Tim:
Sommer-Drinks : erfrischende Mixereien mit und ohne Alkohol / Tim Cole. – 3. Aufl. – München : Gräfe u. Unzer, 1992
(GU-Küchen-Ratgeber)
ISBN 3-7742-1451-4

3. Auflage 1992
© Gräfe und Unzer GmbH, München.
Alle Rechte vorbehalten. Nachdruck, auch auszugsweise, sowie Verbreitung durch Film, Funk und Fernsehen, durch fotomechanische Wiedergabe, Tonträger und Datenverarbeitungssysteme jeder Art nur mit schriftlicher Genehmigung des Verlages.

Redaktion:
Dr. Stephanie von Werz-Kovacs
Layout: Ludwig Kaiser
Typographie und Herstellung: Robert Gigler
Fotos: Kerstin Mosny
Klaus D. Neumann (Seite 4)
Kurt Henseler (Seite 15)
Umschlaggestaltung:
Heinz Kraxenberger
Satz: Letteria GmbH, München
Reproduktionen: Brend'amour, München
Druck und Bindung:
Kaufmann, Lahr
ISBN 3-7742-1451-4

Tim Cole

stammt aus dem klassischen Cocktailland Amerika. Sein Vater, ein Militärgeistlicher, lernte seine Mutter in den letzten Kriegstagen in Deutschland kennen. Cole wurde 1950 im US-Bundesstaat Washington geboren und verbrachte seine Kindheit in Südkalifornien. Seit 1962 lebt er als US-Staatsbürger in der Bundesrepublik, wo er sich nach dem Germanistikstudium und Lehrjahren bei Tageszeitungen und Fachzeitschriften schließlich 1979 in Stuttgart als freier Autor niederließ. Seine Restaurantkritiken, Reisereportagen und Berichte aus der Getränkeszene erscheinen regelmäßig in Zeitschriften wie »Feinschmecker«, »Playboy« oder »Diners Club Magazin«. Daneben ist er als Übersetzer von Fachartikeln und Büchern tätig.